Gesetzgebung und Verfassung

Herausgegeben von

Prof. Dr. Michael Kloepfer,
Humboldt-Universität zu Berlin

Band 2

Michael Kloepfer (Hrsg.)

Gesetzgebung als wissenschaftliche Herausforderung

Gedächtnisschrift für Thilo Brandner

2., unveränderte Auflage

Nomos

Die Deutsche Nationalbibliothek verzeichnet diese Publikation in der Deutschen Nationalbibliografie; detaillierte bibliografische Daten sind im Internet über http://dnb.d-nb.de abrufbar.

ISBN 978-3-8487-5568-4 (Print)
ISBN 978-3-8452-9746-0 (ePDF)

2., unveränderte Auflage 2018
© Nomos Verlagsgesellschaft, Baden-Baden 2018. Gedruckt in Deutschland. Alle Rechte, auch die des Nachdrucks von Auszügen, der fotomechanischen Wiedergabe und der Übersetzung, vorbehalten. Gedruckt auf alterungsbeständigem Papier.

Vorwort

Am 6. Dezember 2009 ist Privatdozent Dr. *Thilo Brandner* in Berlin verstorben. Knapp ein Jahr später, am 26. November 2010, veranstaltete die Juristische Fakultät der Humboldt-Universität zu Berlin ein Gedenkkolloquium zu seinen Ehren. Das Thema des Kolloquiums „Gesetzgebung als wissenschaftliche Herausforderung" knüpft an ein zentrales Thema der Forschungen *Thilo Brandners* an. Der vorliegende Band enthält die auf diesem Kolloquium gehaltenen Reden. Neben dem Dekan der Juristischen Fakultät der Humboldt-Universität zu Berlin, Prof. Dr. *Bernd Heinrich*, sprachen frühere Habilitanden bzw. Assistenten an meinem Lehrstuhl und ich. Die Rechtsanwälte Dr. *Gerhard Michael* und Dr. *Andreas Neun* leiteten die Diskussionen. Möge dieser Band dazu beitragen, das Gedenken an *Thilo Brandner* wach zu halten. Er fehlt.

Berlin, im November 2010   *Michael Kloepfer*

Inhaltsverzeichnis

Begrüßung

Michael Kloepfer

Ich begrüße Sie herzlich zu dem Gedenkkolloquium der Juristischen Fakultät der Humboldt-Universität zu Berlin, um Dr. *Thilo Brandners* zu gedenken, der am 6.12.2009 verstorben ist. Besonders herzlich begrüße ich die Familie von Herrn *Brandner, Christine Brandner*; seine Schwester, *Sabine Schaller,* und Familie; seinen Bruder, Dr. *Percy Brandner,* mit Frau; seine Schwester *Lou Brandner.* Ich begrüße seine Studienkollegen, seine Fakultäts- und Lehrstuhlkollegen, seine Studenten, seine Freunde und Bekannten. Ich bedanke mich bei allen dafür, dass Sie gekommen sind.

Sie zu diesem Gedenkkolloquium zu begrüßen fällt mir schwer, weil natürlich der Anlass ein denkbar trauriger ist. Wir sind hier, weil *Thilo Brandner* nicht mehr lebt. Und er hat eine große Lücke hinterlassen. Für jeden ist diese Lücke eine etwas andere. Seine Familie vermisst den Sohn und Bruder, seine Kollegen den aufgeschlossenen und hochintelligenten Mitstreiter und Freund, ich persönlich vermisse natürlich den Mit-Menschen, den Schüler und den brillanten Juristen, mit dem ich viele ebenso interessante wie humorvolle Gespräche geführt habe. Aber ich vermisse auch einfach sein Da-Sein, denn er war an meinem Lehrstuhl seit der Zeit in Trier und später in Berlin, d.h. seit über 25 Jahren immer präsent; er gehörte einfach dazu. Seine besondere Stellung am Lehrstuhl zeigte sich im Übrigen auch darin, dass der Einzige der vielen ehemaligen Mitarbeiter war, der auch lange nach seinem Ausscheiden aus dem Lehrstuhl jedes Jahr zu der Weihnachtsfeier des Lehrstuhls eingeladen war, auch vor einem Jahr. Unvergessen sind etwa seine Weihnachtsgedichte bei diesen Feiern.

So schwer es für mich ist, Sie zu dem Gedenkkolloquium zu begrüßen, so leicht ist es mir, *Thilo Brandner* zu loben. Ich kann nur Gutes über ihn sagen. *Thilo Brandner* war ein hervorragender Jurist. Und er war ein freundlicher, umgänglicher, gutmütiger, ja, guter Mensch, den Menschen zugewandt und an ihnen interessiert. Er hat nie etwas Böses über andere Menschen gesagt und hat seine juristische Exzellenz nie dazu benutzt, andere zu beschämen oder vorzuführen. Ich erinnere mich beispielsweise an eine Mitarbeiter-Besprechung, bei der eine Frage auftauchte, die nur mit umfangreichem Detail- und Hintergrundwissen zu beantworten war. Meine übrigen Mitarbeiter mussten passen, nicht jedoch *Thilo Brandner.* Aus dem Stand zitierte er, stellte Zusammenhänge – her zeigte ad hoc hohe wissenschaftliche Qualität und Kenntnis. Und niemand nahm das übel oder fühlte sich unter Druck gesetzt, weil er in der Lage war, sich ohne Arroganz und

Vorführen der anderen zu äußern. Die einzige Reaktion seiner Kollegen war neidlose Bewunderung und der Satz von *Gerhard Michael*: „Thilo, gibt's Dich auch als Taschenbuch?"

Thilo Brandner war ein herzlicher Mensch, mit dem jeder gern umging, er ging auf jeden ein, hat jedem zugehört, war immer gesprächsbereit, Gespräche, die gleichermaßen entspannt wie unterhaltsam und humorvoll, kenntnisreich wie – ja auch das – lehrreich waren. Und immer – das kann ich noch einmal betonen – geprägt von Freundlichkeit und Toleranz. Streiten war seine Sache gewiss nicht. Er war gern in Gesellschaft – und man war gern in seiner Gesellschaft.

Thilo Brandner war kein ehrgeiziger Kämpfer. Er konnte seine Talente und Fähigkeiten, sein großes Wissen, seine Leidenschaft für die Wissenschaft und die Forschung vielleicht nicht immer so darstellen, dass es für ihn persönlich zum Erfolg geführt hätte. Er war ein beliebter Lehrer, seine wissenschaftlichen Schriften sind herausragend – aber er hatte nicht die Fähigkeit, dies auch so deutlich zu machen, dass er damit umfassende Aufmerksamkeit erringen konnte. Er war eher der stille, bescheidene Arbeiter in der Wissenschaft, der nicht viel Aufsehen erregte, der eher im Hintergrund blieb, während andere mit großen Worten und Schritten auf ihrem Karriereweg vorangingen. Die auftrumpfende Selbstdarstellung war gewiss nicht seine Rolle. Gefragt sind solche leisen Töne im heutigen Wissenschaftsbetrieb leider immer weniger. Diejenigen, die nicht zur täglichen Selbstdarstellung befähigt sind, diejenigen, die hoffen, Gutes werde auch so bemerkt und setze sich – auch ohne große Worte – von selbst durch, bleiben dabei leider oft zurück. Aber es sind gewiss nicht die schlechteren, die da zurückbleiben. Ganz im Gegenteil, häufig – so auch *Thilo Brandner* – sind es diejenigen, die die Universität mindestens so dringend braucht wie die, die viel Geld einwerben, die öffentlichkeitswirksam für die Universität arbeiten und zum sogenannten Eliteerfolg – was das auch immer sei – beitragen. Solche wie *Thilo Brandner* sind diejenigen, welche die Lehre mit Leidenschaft betreiben, die immer Zeit haben für ihre Studenten und immer wieder bereit sind, überobligatorisch Lehrveranstaltungen durchzuführen.

Eines der großen rechtswissenschaftlichen Themen von *Thilo Brandner* war die Gesetzgebung. Das war sein zentrales rechtswissenschaftliches Interesse, dazu hat er publiziert und auch viele Lehrveranstaltungen gehalten. Wir, seine ehemaligen Kollegen am Lehrstuhl, gedenken *Thilo Brandners* mit einem Kolloquium zu diesem seinem wissenschaftlichen Lieblingsthema. Das hätte ihn sicher fachlich interessiert und es hätte ihn gewiss auch sehr gefreut, alle, die ihn kannten, die er kannte, hier versammelt zu sehen.

Thilo Brandner war nicht nur ein ausgezeichneter Jurist, sondern er gehörte zu einer selten werdenden Gruppe umfassend gebildeter Juristen. *Brandner* war brillant und ein akademischer Lehrer mit Leib und Seele. Die Studenten dankten es ihm mit tiefer Sympathie und Anhänglichkeit. Und doch blieb ihm der so sehr gewünschte Berufsweg eines Professors an einer Fakultät versagt. Das hat ihn sicherlich sehr traurig gemacht und ihn vielleicht am Schluss verzagen lassen. Wir standen und stehen auch nach einem Jahr vor seinem Tod erschüttert und betroffen.

Lassen Sie uns von dem gebildeten Juristen und großen Menschen *Thilo Brandner*, der die Dichtung so liebte, Abschied nehmen mit dem ebenso berühmten wie letztlich wohl unergründlichen Hamlet-Monolog von *Shakespeare*. Mir jedenfalls hat sich mit dem Tod von *Thilo Brandner* der Sinn dieser schon so oft gehörten Dichterworte neu erschlossen:

„Sein oder Nichtsein, das ist hier die Frage:
Ob's edler im Gemüt, die Pfeil' und Schleudern
Des wütenden Geschicks erdulden, oder,
Sich waffnend gegen eine See von Plagen,
Durch Widerstand sie enden.
Sterben – schlafen – Nichts weiter! – und zu wissen, dass ein Schlaf
Das Herzweh und die tausend Stöße endet,
Die unsers Fleisches Erbteil – 's ist ein Ziel,
Aufs innigste zu wünschen. Sterben – schlafen – Schlafen!
Vielleicht auch träumen! Ja, da liegt's:
Was in dem Schlaf für Träume kommen mögen,
Wenn wir den Drang des Ird'schen abgeschüttelt,
Das zwingt uns still zu stehn.
Das ist die Rücksicht,
Die Elend läßt zu hohen Jahren kommen.
Denn wer ertrüg' der Zeiten Spott und Geißel,
Des Mächt'gen Druck, des Stolzen Mißhandlungen,
Verschmähter Liebe Pein, des Rechtes Aufschub,
Den Übermut der Ämter, und die Schmach,
Die Unwert schweigendem Verdienst erweist,
Wenn er sich selbst in Ruh'stand setzen könnte
Mit einer Nadel bloß!
Wer trüge Lasten,
Und stöhnt' und schwitzte unter Lebensmüh'?
Nur dass die Furcht vor etwas nach dem Tod –
Das unentdeckte Land, von des Bezirk Kein Wandrer wiederkehrt den Willen irrt,
daß wir die Übel, die wir haben, lieber Ertragen, als zu unbekannten fliehn.
So macht Bewußtsein Feige aus uns allen…"

Thilo Brandner hat in diesem Sinne im Dezember 2009 nicht stillgestanden, sondern er hat gehandelt. Er hat den beschriebenen „See von Plagen" durch Widerstand geendet. Er ist in das „unentdeckte Land [gegangen], von des Bezirk kein Wandrer wiederkehrt". Wir wünschen und hoffen mit allem unserem Sehnen, dass er dort geborgen ist.

Geleitwort

Bernd Heinrich

Für eine Fakultät ist der Tod eines geschätzten Kollegen immer ein sehr trauriges Ereignis. Dies gilt umso mehr, wenn es sich um einen jungen Kollegen handelt, der hier in der Fakultät seine akademischen Weihen erhalten hat.

Daher bin ich Herrn *Kloepfer* sehr dankbar, dass er die Aufgabe übernommen hat, durch die Organisation und Durchführung des heutigen Gedenkkolloquiums in doch recht großem Rahmen und mit sehr prominenten Gästen uns die Leistungen und die Person Herrn *Brandners* noch einmal ins Gedächtnis zu rufen.

Herr *Brandner* war seit 1992 Mitglied unserer Fakultät, zuerst als Assistent am Lehrstuhl von Herrn *Kloepfer*.

Nach seiner Habilitation und seiner Ernennung zum Privatdozenten im Jahre 2002 bot er dann in vorbildlicher Weise regelmäßig Veranstaltungen an unserer Fakultät an, was für einen Privatdozenten zwar eigentlich selbstverständlich sein sollte, aber durchaus nicht immer selbstverständlich ist.

Schon von daher sind wir, die Juristische Fakultät der Humboldt-Universität, Herrn *Brandner* für diese gleichsam ununterbrochene Tätigkeit und Unterstützung unseres Lehrangebots in den Jahren 2002 bis 2009 sehr dankbar.

Dabei beschränkte sich Herr *Brandner* nicht nur darauf, dieselbe Vorlesung oder dasselbe Seminar, möglicherweise noch verblockt an einem Wochenende, stets aufs neue zu halten, sondern er half stets dort aus, wo Not am Mann war, weshalb sich die Liste seiner Veranstaltungen auch wie ein Querschnitt durch das gesamte öffentliche Recht und das Lehrangebot der Fakultät liest.

Er hielt Vorlesungen im Parlamentsrecht, Wasserrecht, im Umwelt- und Planungsrecht, im Finanz- und Haushaltsrecht, in der Gesetzgebungstechnik, der Gesetzgebungslehre und in der Verfassungsgerichtsbarkeit. Ferner organisierte er Seminare im Verfassungsrecht, Kolloquien in der Gesetzgebungslehre und praktische Übungen in der Gesetzgebungstechnik. Schließlich scheute er sich auch nicht, die nicht unbedingt beliebten Grundkurse im Öffentlichen Recht I (Staatsorganisationsrecht) und III (Verwaltungsrecht) als Lehrveranstaltung mitsamt der arbeits- und korrekturintensiven Abschlussklausuren und Hausarbeiten zu übernehmen. Eine Vielzahl von Klausuren im Klausurenkurs und die Prüfungssimulation im Öffentlichen Recht runden das umfassende Bild seiner Lehrtätigkeit ab.

Sie sehen also: die Palette der Veranstaltungen ist bunt und Herr *Brandner* war auch bereit, als Privatdozent in Großveranstaltungen sein Wissen an Studierende weiterzugeben.

Dabei ist die Rolle des Privatdozenten und des wissenschaftliches Nachwuchses in Deutschland gelinde gesagt nicht einfach, ich möchte sogar sagen: sie wird immer schwieriger und fragwürdiger.

Jeder von uns, der es am Ende „geschafft" hat, als ordentlicher Professor einen der begehrten Lehrstühle zu erlangen, wird sich daran erinnern, dass seine Zeit als wissenschaftlicher Assistent bzw. wissenschaftliche Assistentin neben der fraglos vielfältigen Möglichkeiten, endlich einmal in Ruhe vertieft wissenschaftlich zu arbeiten, doch alles in allem eine Zeit der Ungewissheit war.

Diese Zeit ist aber nicht nur geprägt durch die Ungewissheit, ob und wie man die Aufgabe der Abfassung einer großen wissenschaftlichen Qualifikationsschrift zu leisten imstande ist. Entscheidender ist vielmehr die Ungewissheit, was wohl danach folgt. Nach der mehr oder weniger feierlichen Annahme der wissenschaftlichen Arbeit als Habilitationsleistung und der Verleihung des Titels des Privatdozenten oder der Privatdozentin seitens der Fakultät.

Für viele folgt danach eine lange Zeit des Bangens. Manche haben das Glück und bekommen die Möglichkeit, eine oder mehrere Lehrstuhlvertretungen zu übernehmen. Ganz wenige ereilt gleich zu Beginn ein Ruf an eine Universität. Für viele beginnt dagegen der Weg in die Arbeitslosigkeit, der man kaum ernsthaft durch den sofortigen Einstieg in den Anwaltsberuf entgehen kann. Denn selbstverständlich wird weiterhin verlangt, dass man in großem Maße wissenschaftlich publiziert, um in der Community präsent zu sein und sich die Möglichkeit einer späteren Professur zu erhalten.

Wir nehmen – seitens der Universität – darüber hinaus gerne das Lehrangebot der Privatdozentinnen und Privatdozenten an, verpflichten sie sogar im Umfang von zwei Semesterwochestunden dazu, ohne Ihnen selbstverständlich hierfür auch nur die geringste Vergütung zu bezahlen. Dass dies zwar für die Universität sehr günstig, für die Betroffenen aber oft problematisch ist, darüber wird leider – viel zu wenig intensiv nachgedacht – und das trotz des ständigen notorischen Reformeifers.

Insofern muss man heute schon in gewisser Weise Idealist sein, um den Weg in die Wissenschaft anzutreten. Ein Idealist, der von seinen gleichaltrigen Kolleginnen und Kollegen teilweise schon milde belächelt wird. Denn die ehemaligen Kommilitoninnen und Kommilitonen werden sofern sie in der gleichen Preisklasse wie der Habilitand oder die Habilitandin ihr Examen abgeschlossen haben – zur selben Zeit für das vier bis fünffache des Gehalts einer halben wissenschaftlichen Mitarbeiterstelle in eine der großen Law-Firms einsteigen und bis zu dem Zeitpunkt, zu dem der wissenschaftliche Nachwuchs die Habilitation fertig gestellt hat, bereits ungefähr diejenige Summe verdient haben, die der Privatdozent dann bei sofortiger Übernahme einer W-3-Professur im Laufe seiner restlichen Berufstätigkeit zusammen gerechnet erlangen wird. Wenn er oder sie eine solche Professur denn überhaupt bekommt.

Vor diesem Hintergrund kann man also vor denjenigen begabten jungen Juristinnen und Juristen nur den Hut ziehen, die sich aus Interesse an der Wissenschaft und der Lehre für eine universitäre Laufbahn entscheiden. Es handelt sich in der Tat um Idealisten.

Herr *Brandner* war ein solcher Idealist und zudem noch ein begabter Jurist und Wissenschaftler, was ein Blick in seine Schriften eindrucksvoll belegt. Zudem war er auch ein bei seinen Studierenden sehr beliebter Lehrender, wie uns an der Fakultätsspitze immer wieder zu Ohren gekommen ist. Er scheute den Kontakt zu den Studierenden nicht und war insbesondere auch bei den Veranstaltungen der Juristischen Fachschaft ein gern gesehener Gast.

Es ist aber hier nicht meine Aufgabe, die Person von *Thilo Brandner* zu würdigen, dann hierfür ist ein eigener, nun folgender Beitrag vorgesehen. Daher möchte ich an dieser Stelle schließen und bedanke mich noch einmal ausdrücklich bei Herrn Kollegen *Kloepfer* für die engagierte Durchführung dieses Gedenk-Kolloquiums.

Thilo Brandner – Eine Würdigung

Dirk Uwer

„Ein jeder steht allein im Herzen der Erde. Getroffen von einem Sonnenstrahl. Und plötzlich ist es Abend." *Ognuno sta solo sul cuore della terra. Trafitto da un raggio di sole. Ed è subito sera.* Der italienische Dichter der Hermetik und Literaturnobelpreisträger des Jahres 1959, *Salvatore Quasimodo,* schrieb dieses, sein berühmtestes Gedicht 1930 – ein später Widerhall von *Senecas* Aphorismus „vita brevis, ars longa" aus *De brevitate vitae,* Über die Kürze des Lebens.

Als mich die Aufgabe ereilte, meinen, unser aller Freund *Thilo Brandner* zu würdigen bei unserem heutigen Kolloquium zu seinem Gedenken, schienen mir diese bitteren Zeilen über die Einsamkeit des Menschen, seine Vergänglichkeit, die Bitternis der Conditio humana wie geschaffen für den bekennenden und praktizierenden Italophilen *Thilo Brandner* – und für uns: Als es Abend werden sollte an jenem 6. Dezember 2009, stand er allein im Herzen der Erde ich war nicht da, und niemand von Ihnen war es. Und so ging ein zu kurzes Leben in Einsamkeit zu Ende und hinterlässt uns mit vielen Fragen und Zweifeln – die im weiteren Verlauf heute indes zurücktreten sollen hinter der Würdigung des Wissenschaftlers *Thilo Brandner.* Mir kommt es zu, stellvertretend für seine Freunde den Menschen, der vielen vieles bedeutete, zu würdigen.

Thilo Brandner, 1961 in Heidelberg als Sohn des nachmaligen Rechtsanwalts beim Bundesgerichtshof Prof. Dr. *Hans Erich Brandner* geboren, ging in Heidelberg, Ettlingen und auf einem Internat im Schwarzwald zur Schule. Das Jurastudium ab 1981 in Freiburg schloss er 1986 mit dem Ersten Staatsexamen ab. Danach wechselte er als wissenschaftlicher Mitarbeiter von *Michael Kloepfer* an die damalige Forschungsstelle für Umwelt- und Technikrecht an der Universität Trier, das heutige IUTR. Nach dem Referendariat in Trier, das ihm eine reiche Quelle anekdotischer Evidenz für die Richtigkeit vieler Juristen-Klischees war, wurde *Thilo Brandner* wiederum wissenschaftlicher Mitarbeiter und später Wissenschaftlicher Assistent am Lehrstuhl von *Michael Kloepfer,* zunächst in Trier, ab Ende 1992 dann in Berlin.

An der Universität Trier wurde er mit einer Dissertation zur „Gefahrenerkennbarkeit und polizeirechtlichen Verhaltensverantwortlichkeit – Zur Störerverantwortlichkeit insbesondere bei Altlasten" im Wintersemester 1989/1990 promoviert. Seine eigene, von feiner Ironie geprägte Einschätzung dieser vielzitierten Arbeit, die in sehr konzentrierter Weise ein damals zentrales umweltrechtliches

Problem behandelte, – sie nütze nichts oder wenig, schade aber wenigstens auch nicht war – sicher nicht richtig, dokumentiert indessen eine seiner hervorstechendsten Eigenschaften: Bescheidenheit. *Thilo* war einer der bescheidensten und uneitelsten Menschen, die mir je begegnet sind. Weniger Aufhebens um sich selbst konnte ein Mensch kaum machen. Das allein ließ ihn in seiner Umwelt nachgerade als Exoten erscheinen. Nach einigen Jahren in der Wissenschaft und mehr als einem Jahrzehnt als Wirtschaftsanwalt erscheint mir dieser Kontrast fast schmerzhaft und darf ich sagen: Universitätsprofessoren einerseits und die Wirtschaftselite und ihre Berater andererseits scheint häufig die Eigenschaft zu verbinden, an nichts so schwer zu tragen wie an der Last der eigenen Bedeutung.

Thilo Brandner hatte andere, wirkliche und schwere Lasten zu tragen, am Ende wohl mehr, als sein empfindsamer Geist verkraften mochte. Trotz seines mitunter fragilen Gesundheitszustandes rang er sich nach seiner Promotion über die Jahre ein bedeutendes wissenschaftliches Œvre ab. Berufenere als ich werden es heute noch eingehender würdigen. Ich will mich auf wenige persönliche Akzente beschränken:

Thilo Brandner schrieb nicht um des Veröffentlichens willen. Er schrieb, wenn er etwas zu sagen hatte. Und er schrieb dies in unprätentiösem Stil, konzis und prägnant. Seine 2002 angenommene Habilitationsschrift „Gesetzesänderung – Eine rechtstatsächliche und verfassungsrechtliche Untersuchung anhand der Gesetzgebung des 13. Deutschen Bundestages" ist dafür ein hervorragendes Beispiel. Sie wurde als Brückenschlag vom klassischen Staatsrecht zur Gesetzgebungswissenschaft und zur prospektiven Rechtswissenschaft gewürdigt. Sie ist zugleich aber ein Muster an Klarheit, Selbstbeschränkung und Verständlichkeit – und erscheint damit fast anrührend unmodern.

Durchmustert man die Liste seiner Aufsätze und Beiträge, fällt der hohe Anteil nicht dogmatisch, sondern praktisch und vielfach auch didaktisch konzipierter Arbeiten auf. Dass *Thilo Brandner* ein begeisterter und begeisternder akademischer Lehrer war, hat *Michael Kloepfer* in seinem Nachruf für die Staatsrechtslehrervereinigung zu Recht hervorgehoben. *Brandner* war Hochschullehrer aus Leidenschaft, in der Universität wie außerhalb voller Empathie für seine Hörer und Gesprächspartner. Nach meinem Eindruck haben die Universitäten, und auch die Juristischen Fakultäten, spät – und vielleicht zu spät – bemerkt, wie verfehlt ihr „publish or perish" als entscheidendes Selektionskriterium ist. Ein System, das solchermaßen Gefahr läuft, publizistische Präsenz über didaktische Akzeptanz und Resonanz zu stellen, versündigt sich am Ende am Gedanken der Einheit von Forschung und Lehre in der Universitas litterarum. Wir dürfen annehmen, dass *Thilo Brandner* an dieser vermeintlichen Modernität des Systems

Universität still gelitten und seinen Platz in ihm zu finden als schwer empfunden hat.

Ihm ging es nicht um den schnellen akademischen Ruhm. Er war im idealistischen Sinne ein Bildungsbürger, der Zeit brauchte und beanspruchte für seine Interessen jenseits der Juristerei. Dass intellektuelle Weltgewandtheit weit über die fachlichen Grenzen hinweg gerade die akademische Jurisprudenz zu beflügeln vermöchte, wird zu oft verkannt. *Thilo Brandner* lebte dieses Ideal für sich – und war damit ein „Privatgelehrter" im positiven Sinne. Literatur und Musik waren seine Refugien, und wir wissen spätestens seit *Schiller* und *Eichendorff,* wie eng die Verbindung ist von „Law and Literature", wie es im angloamerikanischen Rechtskreis sogar theoriebildend heißt. Wollte ich mir anmaßen, *Thilo Brandners* staatsrechtlichen Standpunkt auf eine Formel zu bringen, würde ich wohl auf die Mahnung zurückgreifen, die *Schiller* Maria Stuart an Lord Burleigh richten lässt: „Dass nicht der Nutzen des Staats Euch als Gerechtigkeit erscheine..."

Eine von *Thilos* Lieblingsopern war aus *Giacomo Puccinis* „Trittico", dem Triptychon, der dritte, humorvolle Einakter „Gianni Schicchi" – eine fast burleske Geschichte um Erbschleicherei, die auf einer Episode aus *Dante Alighieris* Göttlicher Komödie fußt. Diese Vorliebe sagt uns viel über *Thilos* Wesen: Seine Begeisterung für die italienische Oper, die ihn nicht nur regelmäßig in die drei Berliner Opernhäuser, sondern auch in die Opernarena von Verona führte, sie war ihm – anders als es gelegentlich im akademischen Milieu zu beobachten sein mag – nie Selbstzweck, nie Fassade, nie kultureller Dünkel. Im Gegenteil: Er wusste seine musikalische Vorliebe mit tiefer, seinem Gegenüber aber stets nur wohldosiert und allenfalls gelegentlich demonstrierter Kenntnis und vor allem der ihm eigenen, heiteren Distanz zu verbinden. So spielte er mir einmal, kurz vor dem Aufbruch zu einem gemeinsamen Abendessen, eine ihm besonders gefallende Tutti-Szene aus Gianni Schicchi vor – mit den Worten: „Und jetzt singen sie alle ganz wunderbar durcheinander..."

Thilo war ein *Homme de lettre* im eigentlichen, im besten Sinne, literarisch universell interessiert und (für mich) fast unüberschaubar belesen. Zudem hatte er ein seltenes histrionisches Talent. In seiner Jugend- und Studienzeit ein begeisterter Schauspieler, beeindruckte er mich immer wieder durch seine Rezitationsleistung – Gedichte, Szenen aus Dramen, Klassisches und Modernes, er konnte so vieles aus dem Gedächtnis zitieren und tat dies mit großem Einfühlungsvermögen und ebensolchem Sinn für Humor. Nicht von ungefähr zählte er zu seinen Lieblingsschriftstellern der Moderne den Titanic-Autor *Max Goldt,* der mit literarischen Preziosen wie dem Titel „Mein äußerst schwer erziehbarer schwuler

Schwager aus der Schweiz" in der scharfsinnigen, ästhetischen Tradition *Karl Kraus'* steht und dafür 2008 zu Recht mit dem Kleist-Preis ausgezeichnet wurde. Wie oft haben wir uns im Übrigen über die neueste Ausgabe der „Titanic" ausgetauscht – und dabei herzhaft gelacht! Unsere Vorliebe für den skurrilen Humor dieses Satiremagazins werde ich nun alleine pflegen müssen. Doch auch dafür werde ich *Thilo* nie vergessen: Lachen konnte man mit ihm!

Wichtiger aber noch scheint mir heute, *Thilo Brandner* als einen Menschen in Erinnerung zu rufen, der vor allem über sich selbst lachen konnte. *Thilos* seltene Gabe wirklicher Selbstironie ist vielleicht eine der sympathischsten Ausprägungen tugendhafter Bescheidenheit. Um noch einmal auf seine Dissertation zurückzukommen: Immer wieder perplex angesichts der Kabalen der Scientific Community, sagte *Thilo* einmal im Scherz, er überlege, seine Dissertation zu verfilmen, und für die Rolle der Altlast habe er eine bestimmte, mit seinem Doktorvater nicht eben herzlich verbundene Professorin vorgesehen. Beide dürften bislang nichts von diesem Vorhaben gewusst haben, und ich bedaure es sehr, dass es einen solchen Beitrag zum Genre des „Film noir" nun auch nicht mehr geben wird.

Einen Menschen wie *Thilo Brandner* muss wohl *Goethe* vor Augen gehabt haben, als er im zweiten Band der vollständigen Ausgabe seiner Werke letzter Hand von 1828 in der Abteilung „Epigrammatisch" unter dem Titel „Meine Wahl" folgende Zeilen drucken ließ:

> Ich liebe mir den heitern Mann
> Am meisten unter meinen Gästen:
> Wer sich nicht selbst zum Besten haben kann,
> Der ist gewiß nicht von den Besten.

Thilo Brandner lebte diese Maxime: Nur wer sich selbst zum Besten halten kann, ist einer von den Besten. Und weil er das so gut konnte, war er ein gern gesehener Gast: Freunde aus seiner Zeit in Freiburg, in Trier und in Berlin werden das gleichermaßen bestätigen können.

Dem Humanisten *Thilo Brandner* war freilich auch das ernste Sujet vertraut: Neben vielem anderem stand ihm *Bertolt Brechts* episches Theater nahe, wenngleich sicher ohne den ideologischen Überbau. Besonders eindringlich berichtete er mir einmal von *Heiner Müllers* Inszenierung des „Arturo Ui" im Berliner Ensemble mit *Martin Wuttke*.

Thilos Skepsis gegenüber Institutionen, auch solchen der Religion, schien mir auch darin reflektiert zu werden. Damit steht nicht in Widerspruch, dass er in vielem Postulate einer christlichen Ethik vorbildlich erfüllte: Mir fiele es schwer, jemanden zu finden, der mit seinem Leben mehr stehen würde für die Maxime des „Haben, als hätte man nicht" aus dem 1. Korintherbrief, die man erweitern könnte auf ein „Sein, als sei man nicht". *Thilo Brandner* hatte und war immer mehr, als er nach außen zu erkennen gab.

„Ich wäre gerne auch weise. In den alten Büchern steht, was weise ist: Sich aus dem Streit der Welt halten und die kurze Zeit ohne Furcht verbringen" schrieb *Bertold Brecht* 1939 in seinem berühmten Gedicht „An die Nachgeborenen". Im Streit der Welt nicht zänkisch mitzuwirken, sondern auch im Gegner den Menschen zu sehen, ihn zu verstehen zu suchen – das war *Thilos* Wesen gemäß, und das machte seine besondere Weisheit aus. Ob er „die kurze Zeit" ohne Furcht verbringen konnte oder wir eine tiefe Furcht bei ihm schlicht nicht bemerkt haben, dieser Zweifel berührt mich und wohl auch viele von Ihnen seit seinem Tod.

„Die Kräfte waren gering. Das Ziel lag in großer Ferne. Es war deutlich sichtbar, wenn auch für mich kaum zu erreichen. So verging meine Zeit, die auf Erden mir gegeben war." heißt es weiter bei *Bertold Brecht.* „Ihr aber, wenn es soweit sein wird, dass der Mensch dem Menschen ein Helfer ist, gedenkt unsrer – mit Nachsicht."

Des Menschen *Thilo Brandner* zu gedenken, ist mir Grund zur Trauer wie zur Freude: Wir verdanken ihm viel. Er war ein guter Mensch. Er war einer von den Besten. Ob wir dem Menschen *Thilo Brandner* stets genug auch Helfer waren, darüber werden wir wohl nie so viel Gewissheit haben, wie wir der Nachsicht bedürfen.

Gesetzesänderung in der Europäischen Union

Klaus Meßerschmidt

Thilo Brandner hat sich in seiner Habilitationsschrift[1] der Gesetzesänderung gewidmet. Seiner auf die Gesetzgebung des 13. Deutschen Bundestages konzentrierten Untersuchung sollen einige Beobachtungen zur Rolle der Gesetzesänderung[2] in der Rechtsetzung der Europäischen Union zur Seite und gegenübergestellt werden.

A. Problemstellung

I. Untersuchungsziel

Das Untersuchungsinteresse gilt dabei den Ursachen und Motiven von Gesetzesänderungen,[3] wobei die Ursachen im Einzelfall als Indizien für allgemeine Gesetzgebungstrends herangezogen werden. Damit begibt man sich auf ein schwieriges Feld: Ginge es um gesetzgeberische Motivforschung, so müssten „vorgebrachte" und „wahre" Gründe eruiert und „Motivbündel" aufgeschlüsselt werden.[4] Dieser beinahe detektivischen Aufgabe kann ich mich nicht unterziehen. Eine flächendeckende Untersuchung ist schon gar nicht möglich. Wenn ich die Chance hätte, würde ich allerdings liebend gerne das Zustandekommen der Aarhus-Konvention und die Motive der damaligen Akteure erforschen. Ich beschränke mich vielmehr darauf, allgemeine Annahmen zu formulieren, welche Faktoren Gesetzen und insbesondere Änderungsgesetzen zugrunde liegen können, wobei ich nicht zwischen objektiven Ursachen und subjektiven Motiven unterscheide, zumal den Akteuren die Hintergründe ihres Tuns nicht in allen Fällen vollauf bewusst zu sein brauchen.

---

1   *Brandner*, Gesetzesänderung. Eine rechtstatsächliche und verfassungsrechtliche Untersuchung anhand der Gesetzgebung des 13. Deutschen Bundestages, 2004.
2   Zum zugrunde liegenden Begriffsverständnis *Brandner*, a. a. O., S. 11 ff.
3   Dazu *Brandner*, a. a. O., S. 89 ff.
4   Dazu *Brandner*, a. a. O., S. 92 ff.

II. Untersuchungsmethode

Schon aufgrund der Fragestellung kann es sich um keine strikt juristische Analyse handeln. Insofern ist der Ansatz nicht unähnlich demjenigen des *opus magnum* des hier posthum und damit zu spät zu Ehrenden, dessen verfassungsrechtliche Analyse auf einer rechtstatsächlichen Bestandsaufnahme fußt. So wie die Befassung mit Gesetzgebung immer schon in den Überschneidungsbereich von Politik und Recht hineinführt, lässt sich das facettenreiche Thema der Gesetzesänderung mit rein juristischem Rüstzeug kaum ausreichend bearbeiten. Sicherlich kann man Teilkomplexe herauslösen, die sich mit herkömmlichen juristischen Mitteln sezieren lassen. Man gelangt dann zu Fragestellungen wie etwa den folgenden, ob für Gesetzesänderungen besondere Verfahren vorgesehen werden sollten oder ob Gesetzesänderungen Grenzen gezogen seien.[5] Dies soll hier beiseite gelassen werden, zumal sich bei solchen Fragestellungen mitunter herausstellt, dass sie längst – wenn auch unter anderem Namen abgehandelt – wurden: die Grenzen der Gesetzsänderung unter dem Titel des Vertrauensschutzes, das Gesetzgebungsermessen unter dem Titel der Verfassungskontrolle von Gesetzen usw. Notgedrungen bleiben meine in den Zeitrahmen von weniger als einer halben Stunde passenden Überlegungen auch hinter dem ambitionierten Erkenntnisinteresse *Thilo Brandners* zurück, der unter anderem danach fragte, ob Gesetzesänderung einen eigenständigen Gesetzgebungstypus darstellt und ob sich ein Rechtsrahmen für Gesetzesänderungen entwickeln lässt.[6] Auch eine Typologie der Änderungsgesetze, wie sie *Brandner* vorgelegt hat,[7] wird nicht angestrebt. Stattdessen möchte ich mich der Gesetzesänderung wie ein Politikwissenschaftler nähern, indem ich nach den tatsächlichen Ursachen und Motiven von Gesetzesänderungen frage. Hierbei ist ein *caveat* anzubringen: Die fehlende politikwissenschaftliche Schulung schlägt sich unweigerlich in Methodendefiziten nieder. Dieser Nachteil kann auch durch überlegene Vertrautheit des Juristen mit der Materie der Gesetzgebung und Gesetzesänderung nicht aufgewogen werden. Dennoch ist die dilettantische Betrachtung eines vertrauten Gegenstandes vielleicht ergiebiger als die methoden- und jargongesättigte Analyse einer unverstandenen, dem reinen Politikwissenschaftler fremd bleibenden Materie.

5   Vgl. *Brandner*, a. a. O., S. 290 ff.
6   *Brandner*, a. a. O., S. 5.
7   *Brandner*, a. a. O., S. 27 ff., 64 ff.

III. Spezifika der europäischen Rechtsetzung

Das Untersuchungsthema „Gesetzesänderung in der Europäischen Union" zielt in seiner Zuspitzung auf die Ätiologie von Gesetzesänderungen auf die Feststellung, inwieweit sich Gesetzgebungs- und Gesetzesrevisionsursachen und -zwecke im Nationalstaat Deutschland und in der supranationalen Rechts- und Wirtschaftsgemeinschaft der Europäischen Union ähneln, aber auch unterscheiden. Eine Annäherung der Gesetzgebung auf beiden Ebenen ergibt sich hierbei freilich schon daraus, dass die nationale Gesetzgebung in weiten Teilen der Umsetzung von EU-Richtlinien dient.[8] So hat *Brandner* allein für die 13. Legislaturperiode über 70 Änderungsgesetze und -verordnungen des Bundes ermittelt, die der Umsetzung von EU-Richtlinien dienten.[9]

B. Ursachen und Motive von Gesetzesänderungen

Bei den Gesetzgebungsmotiven sind extrinsische und intrinsische Motive zu unterscheiden. Als extrinsische Motive sollen – abweichend vom üblichen fachlichen Sprachgebrauch – solche bezeichnet werden, die aus dem Umfeld der Gesetzgebung, insbesondere aus dem gesellschaftlichen Raum und ihrem juristischen Kontext, an sie herangetragen werden. Dem können als intrinsische Motive solche gegenübergestellt werden, die aus der Sphäre der Gesetzgebungsorgane selbst herrühren. Hiermit überschneidet sich eine andere Einteilungsmöglichkeit, nämlich die zwischen sachpolitischen und institutionellen Motiven. Sachpolitische Motive sind meist zugleich „extrinsische": Ein Gesetz wird verabschiedet oder geändert, um eine bestimmte Außenwirkung zu erzielen, z. B. ein soziales oder ökologisches Problem zu lösen, ein politisches Versprechen zu erfüllen oder einer völker- oder europarechtlichen Verpflichtung nachzukommen.[10] So-

---

8 Gegenüber der immer wieder kolportierten extrem hohen Anteilen (80% der Wirtschaftsgesetze, vgl. nur zuletzt *Härtel*, Handbuch Europäische Rechtsetzung, 2006, § 3 Rn. 1 m. w. N.) nennt *Brandner* für die 13. Legislaturperiode des Deutschen Bundestages mit 20% eine Zahl, die der Wirklichkeit wohl näher kommt. *Wessels*, in: Ismayr (Hg.), Gesetzgebung in Westeuropa, 2008, S. 653 ff., 653, nennt im Anschluss an *Töller* für die Bundesgesetzgebung eine Steigerung der „europäischen Impulse" von 17% in der Wahlperiode 1983 – 1987 auf knapp 35% zwischen 1998 und 2002. Allerdings genügt eine quantitative Analyse nicht. Differenziert man nach Relevanz der Gesetzgebung, so ist der Einfluss der EU-Gesetzgebung mit Sicherheit höher zu veranschlagen.

9 *Brandner*, a. a. O., S. 175 ff.

10 *Brandner*, a. a. O., S. 169 ff., spricht insofern von „international determinierter Gesetzgebung" und „Vollzug Europäischen Gemeinschaftsrechts", wozu auch Gesetzgebung aufgrund der Rechtsprechung des EuGH zu zählen ist, und liefert zu beidem Beispiele aus den 1990er Jahren.

wohl die gestaltende als auch die reagierende Gesetzgebung im Sinne *Brandners*[11] fallen unter diese Kategorie. Gleiches gilt für Korrektur- oder Anpassungsgesetzgebung und deren Unterarten (Fortschreibungsgesetzgebung, Ergänzungsgesetzgebung, Durchführungsgesetzgebung).[12] Institutionelle Motive entsprechen demgegenüber dem Eigeninteresse der gesetzgebenden Institution. Weder die eine noch die andere Unterscheidung ist trennscharf. Fließende Übergänge sind vielmehr die Regel. Zudem dürfte es sich in vielen Fällen nur um unterschiedliche Betrachtungsweisen ein- und desselben Vorgangs handeln: Eine Gesetzgebung oder eine Gesetzesänderung, mit der ein Gesetzgeber ein anerkanntes Problem angeht, nutzt nicht nur eine Regulierungschance, sondern festigt zugleich die Reputation des Gesetzgebers und damit seine institutionelle Macht. Im systemtheoretischen Steuerungsmodell erscheint die Gegenüberstellung von Sachzielen und institutionellen Zielen alledings als hoffnungslos naiv: *Niklas Luhmann* insistiert darauf, dass das gesellschaftliche Subsystem der Politik, dem die Gesetzgebung zuzurechnen ist, allein der Handlungslogik des Machterhalts verpflichtet ist.[13] Sachprobleme und Sachziele werden dort zwangsläufig als Faktoren der Machtbedrohung und des Machterhalts wahrgenommen und Machtverteilungsinteressen umgekehrt als Politikziele codiert. Aus den dem institutionellen Eigeninteresse entsprechenden Problemlösungsverheißungen der Politik und Gesetzgebung, die regelmäßig ihre Problemlösungskapazitäten übersteigen, resultiert jenes Geheimnis der Politik, das der Luhmann-Schüler *Wilke* als „Ironie des Staates" anspricht[14] und dessen Aufdeckung Legitimität und Akzeptanz staatlicher Institutionen bedrohen. Aus dieser Perspektive würde die Unterscheidung von intrinsischen und extrinsischen, sachpolitischen und institutionellen Gesetzgebungsmotiven hinfällig, weil letztlich immer das institutionelle Eigeninteresse dominiert.

Vielleicht darf man den systemtheoretischen Gedanken der Reduktion von Komplexität aber auch zur Rechtfertigung einer vereinfachenden Sicht der Gesetzgebungsmotivationen, wie sie den meisten Aufstellungen der Gesetzgebungsimpulse zugrunde liegt,[15] heranziehen. Ich bleibe deshalb bei der eingangs getroffenen Unterscheidung von intrinsischen bzw. institutionellen Interessen einerseits und extrinsischen bzw. sachpolitischen Interessen andererseits, auch wenn es sich hierbei eher um Pole eines Kontinuums handelt.

---

11 *Brandner*, a. a. O., S. 94 ff.
12 Vgl. zu dieser Unterscheidung *Brandner*, a. a. O., S. 215 ff.
13 Vgl. zur Systemdifferenzierung und operativen Geschlossenheit von Systemen zuletzt *N. Luhmann*, Die Gesellschaft der Gesellschaft, 2. Teilbd., 1997, S. 595 ff.
14 *H. Wilke*, Ironie des Staates, 1992, Taschenbuchausg. 1996.
15 Vgl. etwa *Hill*, DÖV 1981, 487 ff. und *ders.*, Einführung in die Gesetzgebungslehre, 1982, S. 45 f.

Meine Kernthese lautet, dass die Gesetzgebung der Union, deren Gesetzesflut der heimischen Produktion nicht mehr nachsteht,[16] maßgeblich durch deren institutionelle Eigeninteressen gesteuert ist. Dies gilt auch und gerade für Gesetzesänderungen.

Eine Zwischenbemerkung zur Terminologie sei an dieser Stelle eingeschaltet: Die Bezeichnung der Rechtsetzung der EU als Gesetzgebung ist nicht nur in funktioneller Hinsicht angebracht, sondern entspricht inzwischen auch dem offiziellen Sprachgebrauch. Zwar hat sich die Umbenennung der Hauptrechtsetzungsinstrumente der EU, der Verordnung und Richtlinie, in Gesetz und Rahmengesetz, wie es der gescheiterte Verfassungsvertrag von 2004 vorsah,[17] nicht in den Lissaboner Reformvertrag von 2009 hinüberretten lassen. Der AEUV spricht jedoch im Zusammenhang mit der Verabschiedung von Richtlinien und Verordnungen immerhin von Gesetzgebungsakten und Gesetzgebungsverfahren.[18] Gemieden wird das Wort „Gesetz", aber keine entsprechende Wortzusammensetzung. Allenfalls ein Insider der Vertragsreform mag darüber Auskunft geben, ob es sich bei dieser sprachlichen Inkonsequenz um eine Nachlässigkeit der unter extremem Zeitdruck agierenden Vertragsreformer oder um eine List handelte, den politischen Bedenken gegen die staatsrechtliche Gesetzesterminologie nur soweit Rechnung zu tragen, wie diese im Einzelfall tatsächlich Anstoß erregte. Für die weitere Diskussion hat dies den Vorteil, dass der Gesetzgebungscharakter der europäischen Richtlinien- und Verordnungsgebung von niemandem mehr ernsthaft bestritten werden kann.

Das Eigeninteresse der Europäischen Union und ihrer Organe geht dahin, die Macht der Union zu stärken und die Position der Mitgliedstaaten reziprok zu schwächen. Alle denkbaren Hinweise auf das Kooperationsverhältnis von Mitgliedstaaten und Union und auf das Subsidiaritätsprinzip vermögen diesen schlichten Befund ebenso wenig in Frage zu stellen wie die gelegentlich berechtigte Erwartung von Win-Win-Lösungen, die das Ringen um Einflusssphären nicht als reines Nullsummenspiel verstanden sehen will.

---

16 Zur nationalen Gesetzesflut *Brandner*, a. a. O., S. 1 m. w. N. In diesem Zusammenhang erinnere ich mich an eine frühere Studierende und wissenschaftliche Hilfskraft des Lehrstuhls in Trier, die ein Seminarreferat über das Problem der Gesetzesflut anfertigte und hinsichtlich der Literaturnachweise so sorgfältig vorging, das alle, die ihre unermüdliche Recherche beobachten konnten, sich schon Sorgen machten. Der Verfasser hat diesen Vorgang sich leider nicht zur Mahnung dienen lassen.
17 Vgl. *Härtel*, a. a. O., § 9 Rn. 5 ff.
18 Vgl. Art. 289 ff. AEUV.

Die Europäische Union gibt sich auch keinerlei Mühe, dieses Eigeninteresse zu leugnen oder herunterzuspielen. Es entspricht vielmehr der offiziellen Programmatik der Europäischen Union und hat in Gestalt des Bekenntnisses zur „immer engeren Union der Völker Europas" (Präambel und Art. 1 UAbs. 2 EUV) primärrechtlichen Ausdruck gefunden. Der Integrationsfortschritt, der sich während der ersten drei Jahrzehnte der Europäischen Wirtschaftsgemeinschaft vor allem auf der Ebene von Politik und Rechtsfortbildung vollzogen und in den beiden letzten Jahrzehnten darüber hinaus in Vertragsrevisionen niedergeschlagen hat, ist durch eine mehr oder weniger synchrone Entwicklung der fortschreitenden Rechtsharmonisierung bei gleichzeitiger Eroberung immer neuer Politikfelder für die Europäische Union und die Stärkung ihrer Institutionen und dort insbesondere jener Institutionen, die, wie das Europäische Parlament und die Kommission, nicht im intergouvernementalen Modus, sondern nach der „Gemeinschaftsmethode" agieren, gekennzeichnet.

Das stetige Anwachsen der europäischen Rechtsetzung, die zum Acquis communautaire beiträgt – Europapolitik und Europarecht haben eine sprachliche Vorliebe für Errungenschaften und steten Fortschritt, die der untergegangenen sozialistisch-planwirtschaftlichen Terminologie nur wenig nachsteht –, befindet sich zur Gesetzgebungsrolle der europäischen Institutionen in einem Verhältnis wechselseitiger Verstärkung. Die Bedeutung der Europäischen Union nimmt nach Maßgabe ihrer Rechtsetzung zu. Die Aufwertung der europäischen Institutionen nimmt diese wiederum in die Pflicht, kein Vakuum entstehen zu lassen, sondern den hinzugewonenen Kompetenzraum mit Aktivitäten zu füllen.

Mit dem Ausbau der europäischen Rechtsordnung verändert sich das Aufgabenprofil der europäischen Rechtsetzung. Stand diese anfangs vor einer Tabula rasa zwar nicht des nationalen, aber des europäischen Rechts und konnte somit Erstregelungen[19] in einem Ausmaß schaffen, wie es kein deutscher Gesetzgeber seit Menschengedenken unbeschadet der staatsrechtlichen Umbrüche des 19. und 20. Jahrhunderts tun konnte, so handelt es sich heute um eine reife Rechtsordnung mit allen damit verbundenen Vorteilen und Nachteilen, wovon die Rechtsetzungsfülle, das Anwachsen der europäischen Rechtsakte auf 80.000 Seiten im Amtsblatt,[20] der sichtbarste ist. Wenn es von der Gesetzgebung in Deutschland heißt, dass sie zum Großteil Gesetzesänderung bedeute,[21] so gilt dies inzwischen

---

19 Vgl. zum Begriff *Brandner*, a. a. O., S. 17.
20 Mandelkern-Bericht, S. 75. Zwischen 1980 und 2003 hat sich die Zahl der europäischen Rechtsakte mehr als verdoppelt, so *Maurer/Wessels*, Das Europäische Parlament nach Amsterdam und Nizza, 2003, S. 22.
21 *Brandner*, a. a. O., S. 2.

auch für das europäische Recht. Es wäre naiv zu glauben, nach fünf Jahrzehnten emsiger Gesetzgebungsarbeit sei das Gesetzgebungswerk im Wesentlichen vollendet und die Gesetzgeber könnten sich zur Ruhe setzen oder wenigstens eine längere Ruhepause gönnen. Gibt man der juristischen Vorliebe für simple Metaphern für einen Augenblick nach, so ist festzuhalten, dass Gesetzgebung nur sehr bedingt und weniger als im Kodifikationszeitalter dem Hausbau vergleichbar ist. Ein Gesetz ist niemals fertig wie ein klassisches Gebäude, es muss nicht erst nach längerem Zeitabstand renoviert werden. Umbauten verunzieren es nicht notwendigerweise, sondern können es verbessern und veränderten Anforderungen anpassen. Das moderne veränderungsoffene und lernfähige Gesetz ist insoweit dem modernen Konzept des mulifunktionalen Bauens vergleichbar, das Gebäude im Hinblick auf ihre leichte Veränderbarkeit plant. Das Umgestalten des Gestalteten ist auch in der Europäischen Union zum Hauptauftrag der politischen Entscheidungsgewalt avanciert.[22] Die Angabe im Mandelkern-Bericht, wonach rund 20% der Rechtsetzungsinitiativen der Kommission der Aktualisierung bestehender europäischer Regelungen dienten,[23] scheint daher noch untertrieben.

Dennoch ergab sich aus dem gewaltigen Ausbau der europäischen Rechtsetzung spätestens um die Jahrtausendwende für die Europäische Union das Problem, ihre Gesetzgebungsaufgaben neu definieren zu müssen. Eine einfache Fortsetzung der bisherigen Gesetzgebungsexpansion auf allen politischen Feldern konnte es nicht geben. Diese Situation reflektiert die Europäische Union, zuvörderst die Kommission in ihrer Programmatik der besseren Rechtsetzung.

C. Programmierte Gesetzesänderung

In ihrem 2001 vorgelegten Weißbuch „Europäisches Regieren" schlägt die Kommission vor allem systematische Veränderungen der EU-Rechtsetzung vor.[24] Diese orientieren sich an einem „good governance"-Konzept mit den fünf Elementen Offenheit, Partizipation, Verantwortlichkeit, Effektivität und Kohärenz. Die Forderung nach kohärenter Rechtsetzung bezieht sich sowohl auf künftige als auch auf bestehende Rechtsakte. Sie schließt daher eine Überarbeitung des *acquis communautaire* ein.[25] Dem entspricht das im Weißbuch, im vorberei-

---

22 Formulierung nach *Burmeister*, Vertrauensschutz im Prozeßrecht, 1979, S. 8, zitiert bei *Brandner*, a. a. O., S. 2.
23 Mandelkern-Bericht, S. 66.
24 Europäisches Regieren – Ein Weißbuch KOM(2001) 428 endg., ABl. C 321 v. 12.10.2001, S. 1.
25 Vgl. Mitteilung KOM(2003) 71 („Updating and simplifying the Community acquis").

tenden Mandelkern-Bericht[26] und in weiteren Mitteilungen[27] dargelegte Programm der Verbesserung und Vereinfachung der EU-Rechtsetzung. Dieses zielt auf die Aufhebung von obsoleten oder überflüssigen Rechtsvorschriften, die formale und redaktionelle Verbesserung von Rechtsvorschriften, die Kodifizierung von Rechtsvorschriften,[28] die Neufassung von Rechtsvorschriften und auf die Ersetzung alter Vorschriften durch substanziell neue, einfachere und konsistentere sowie wenigere. Der Weg zur quantitativen Verschlankung und qualitativen Verbesserung des Unionsrechts führt daher über seine Beinahe-Totalrevision. Nicht anders lässt sich das im Mandelkern-Bericht entwickelte und später nur geringfügig relativierte Vorhaben bezeichnen, das Volumen des *acquis* von 80.000 auf 30.000 Seiten und die Gesamtzahl der Rechtsakte um et-

---

26 Mandelkern-Bericht „Auf dem Weg zu besseren Gesetzen" (Abschlussbericht vom 13. 11. 2001, in deutscher Übersetzung vom BMI in der Reihe „Moderner Staat Moderne Verwaltung" veröffentlicht; im Internet unter www.staat-modern.de abrufbar); dazu etwas euphorisch *Smeddinck*, DVBl. 2003, 641ff.

27 Vgl. die vier Mitteilungen der Kommission „Europäisches Regieren: Bessere Rechtsetzung" KOM(2002) 275 endg. v. 6. 6. 2002, „Vereinfachung und Verbesserung des rechtlichen Umfelds" KOM(2002) 278 endg. v. 5. 6. 2002, „Folgenabschätzung (Impact Assessment)" KOM(2002) 276 endg. v. 5. 6. 2002 und „Eine Kultur des Dialogs und der Mitwirkung fördern" KOM(2002) 277 endg. v. 5. 6. 2002. Vgl. seither insbes. die Interinstitutionelle Vereinbarung über „Bessere Rechtsetzung" zwischen dem EP, dem Rat und der Kommission (ABl. C 321 v. 31. 12. 2003), die Mitteilung KOM(2003) 71 endg. „Aktualisierung und Vereinfachung des Acquis communautaire" mit einer Begriffsbestimmung und Methodik der „Vereinfachung"; den ersten Durchführungsbericht KOM (2003) 592 mit begleitendem Arbeitspapier der Kommissionsdienststellen SEK(2003) 1085; die Mitteilung KOM(2005) 97 endg. v. 16. 3. 2005 über „Bessere Rechtsetzung für Wachstum und Arbeitsplätze in der Europäischen Union"; die Mitteilung KOM(2005) 462 endg. v. 27. 9. 2005 „Ergebnis der Überprüfung von Vorschlägen, die sich derzeit im Gesetzgebungsverfahren befinden", das Arbeitsdokument der Kommission SEK(2005) 1197/KOM(2005) 466 endg. v. 28. 9. 2005 über „Bessere Regulierung und die thematischen Umweltstrategien" sowie die Mitteilung KOM(2006) 689 endg. v. 14. 11. 2006 über „Strategische Überlegungen zur Verbesserung der Rechtsetzung in der Europäischen Union"; ferner die Jahresberichte über „Bessere Rechtsetzung" gem. Art. 9 des Protokolls über die Anwendung der Grundsätze der Subsidiarität und der Verhältnismäßigkeit, z. B. Bericht KOM(2005) 98 (ABl. C 146 v. 16. 6. 2005). Vgl. auch *Renda*, Impact Assessment in der EU, Brüssel 2006 und *Herten-Koch*, Rechtsetzung und Rechtsbereinigung in Europa, 2003 sowie der Broschüre der Kommission „Better Regulation – simply explained", Brüssel 2006. Aktuelle Informationen finden sich auf folgenden Internet-Seiten der Kommission: http://ec.europa.eu/governance/better_regulation/index.en.htm und http://ec.europa.eu/governance/impact/index.en.htm. Ein Nachweis früherer Initiativen findet sich bei *Rengeling*, in: ders. (Hg.), EUDUR, 2. Aufl. 2003, Bd. II/2, § 93 Rn. 27ff. Vgl. ferner Mitteilung KOM(2005) 535 endg. v. 25. 10. 2005 „Umsetzung des Lissabon-Programms der Gemeinschaft: Eine Strategie zur Vereinfachung des ordnungspolitischen Umfelds".

28 Hierzu näher *Meßerschmidt*, Europäisches Umweltrecht, 2011, § 7 Rn. 14 ff. m. w. N.

wa 40% zu reduzieren.[29] Das Entscheidende ist jedoch, dass dieses Programm tatsächlich umgesetzt wird, wie sich am Beispiel des Umweltrechts belegen lässt. Nach der Neuordnung des Gewässerschutzrechts durch die Wasserrahmen-richtlinie hat die Europäische Union weitere Bereiche des Umweltrechts vom Abfallrecht bis zum Lärmschutzrecht überarbeitet. Dies entspricht dem systematischen, vorzugsweise gleitenden und in seinem Verlauf periodisch korrigierten Vereinfachungsprogramm,[30] das seit dem Mandelkern-Bericht europäischer Konsens ist.

Der Bedarf nach besserer Rechtsetzung und der Einfluss der Kritik am früheren punktualistischen Rechtsetzungsstil sollen nicht in Abrede gestellt werden. Es ehrt die Kommission, dass sie Qualitätsmängel der Gesetze, die weitgehend auf ihre Entwurfsarbeiten zurückgehen, einräumt. Auch trifft es zu, dass das nahezu flächendeckende Gesetzgebungsmosaik eine Überprüfung auf normative Widerspruchsfreiheit und Gesetzgebungsvernetzung verlangt. Dennoch darf das institutionelle Eigeninteresse insbesondere der Kommission an einer großangelegten Gesetzesrevision nicht übersehen werden: Die Kodifikation stellt nicht nur eine sinnvolle gesetzgebungspolitische Option, sondern ein Arbeitsbeschaffungsprogramm für die Kommission dar. Diese muss nicht nur ihre Mitarbeiter auslasten, sondern auch Argumente für künftige Personalentwicklung und die Auftragsvergabe an Dritte, die zunehmend eine wichtige Rolle spielt, schaffen. Gesetzgebungsoutsourcing ist eben nicht nur auf nationaler Ebene „angesagt".

D.   Phänomenologie der Gesetzesänderung

Zum Bild einer hypertrophen Gesetzgebungspolitik gehört das nicht gerade seltene Phänomen, dass europäische Richtlinien noch vor Ablauf der Umsetzungsfrist bereits wieder geändert werden. Es mag hierfür Gründe geben, doch sind diese nicht unbedingt schmeichelhaft für den Gesetzgeber. Es scheint, dass in solchen Fällen die Richtlinie vor Abschluss der Bestandsaufnahme und der Ex-ante-Evaluation gewissermaßen in einer Rohfassung verabschiedet wurde. Solche Korrekturen erhärten den Krisenbefund einer überhasteten Gesetzgebung.

---

29   Mandelkern-Bericht, S. 75. Vgl. dazu auch Mitteilung KOM(2006) 690 „Erster Fortschrittsbericht über die Strategie für die Vereinfachung des ordnungspolitischen Umfelds", S. 6, mit der Zielvorgabe um bis zu 25%.
30   Mandelkern-Bericht, S. 10.

E. Gründe der europäischen Gesetzgebungsflut

Die machtpolitische Prämie reger Gesetzgebung wurde bereits dargelegt. Im Zusammenhang hiermit stehen weitere Faktoren, welche die Expansion der Gesetzgebung und häufige Gesetzesänderungen begünstigen.

Keine EU-spezifische Erscheinung sind Gesetzesänderungen, die Teil einer mehrstufigen Rechtsetzung sind. Die Gesetzesänderung beruht hier nicht auf neuen Erkenntnissen oder veränderten politischen Wertungen, sondern folgt einem „Masterplan", der bereits dem ursprünglichen Gesetz zugrunde lag. Von diesem wurden kontroverse oder komplexe Teile zurückgestellt, um die Initialgesetzgebung nicht zu gefährden. Die ursprüngliche Regelung setzt gewissermaßen einen Fuß in die Tür oder dient als Eisbrecher für Folgegesetzgebung. Der Volksmund spricht in solchen Fällen von „Salami-Taktik", doch kann es für eine solche Vorgehensweise außer taktischen auch legistische Gründe geben. Als Beispiel mag die europäische Anti-Diskriminierungsgesetzgebung gelten, die bislang selbst diskriminierend ist.

Europaspezifisch ist hingegen der folgende Grund: Die europäische Gesetzgebung erfolgt ungehemmt, weil die Besatzung des „Raumschiffs Brüssel" nicht für die Umsetzung einstehen muss. Von den Angehörigen der deutschen Gesetzgebungsbürokratie hat man früher gesagt, dass ihre Rekrutierung aus Beamten mit Vollzugserfahrung und der enge Austausch mit dem Vollzugsapparat zu einer vollzugstauglichen, realistischen Gesetzgebung beitrage. Überdies hängt die politische Verantwortung nicht entscheidend davon ab, ob Gesetzgebungs- oder Vollzugsmängel für einen Missstand verantwortlich sind. Deutlich anders ist die Lage in der Europäischen Union: Die Kommissionsmitarbeiter agieren schon deshalb „abgehoben", weil der Vollzug des Unionsrechts weitestgehend Angelegenheit der Mitgliedstaaten ist. Kommissionsbedienstete haben entweder keine Vollzugserfahrung oder diese liegt weit zurück. Im Übrigen würde es sich aufgrund ihrer Herkunft aus Mitgliedstaaten mit höchst unterschiedlichen Verwaltungstraditionen um ebenso widersprüchliche Erfahrungen handeln. Die Abordnung nationaler Beamter zur Kommission und deren Teilnahme an der – zu Unrecht für alle Übel des EU-Rechts verantwortlich gemachten – Komitologie können kein ausreichendes Gegengewicht zum Euronarzißmus schaffen. Noch wichtiger ist aber die zweite strukturelle und daher kaum korrigierbare Ursache: Die Trennung von Gesetzgebungs- und Vollzugskompetenz zwischen Union und Mitgliedstaaten führt nicht nur dazu, dass die Gesetzgebung vielfach vollzugsunfreundlich ausfällt. Die Europäische Union profitiert vordergründig sogar von einer vollzugsunfreundlichen Gesetzgebung jedenfalls im Bereich der Richtliniengebung. Aufgrund der Verantwortungsaufteilung zwischen Union und Mitgliedstaaten müssen letztere für – legislative und administrative – Umsetzungs-defizite einstehen. In Vertragsverletzungsverfahren wird bislang nicht nach der Verantwortung für Umsetzungsdefizite gefragt. Liegt ein Umsetzungsdefizit vor, so steht der Schuldige auch schon fest. Für die europäischen Institutionen besteht deshalb kein allzu großer Anreiz, die Vollzugstauglichkeit ihrer Regelungen zu optimieren. Regelungsdefizite wie auch völlig unrealistische Umsetzungs-fristen,[31] auf die sich der Rat erstaunlicherweise immer wieder einlässt, verschaf-fen im europäischen Schwarze-Peter-Spiel den europäischen Institutionen, na-mentlich der Kommission und dem Europäischen Gerichtshof, eine willkomme-ne Gelegenheit, sich gegenüber den Mitgliedstaaten zu profilieren und diesen in regelmäßigen Abständen – juristisch oftmals zu Recht – Niederlagen beizubrin-gen. Nur geringfügig überspitzt lässt sich resümieren, dass die Europäische Uni-on nur selten für die Folgen ihrer Gesetzgebung einstehen muss und deshalb die internen Kontrollen schwach ausgebildet sind. Inwieweit die neue Subsidiaritäts-kontrolle voreiliger oder überflüssiger europäischer Gesetzgebung effektiv ent-gegenwirkt, muss sich erst noch erweisen. Die bisherigen Erfahrungen mit dem Subsidiaritätsprinzip, das sehr viel mehr akademisch analysiert als praktisch be-folgt wurde, geben nicht gerade zu Hoffnung Anlass. Dies gilt jedenfalls solange wie der Europäische Gerichtshof sich als „Motor" der europäischen Integration begreift und damit ebenfalls einem institutionellen Eigeninteresse folgt. Ich wer-de hierzu an späterer Stelle ein aktuelles Beispiel nennen.

Begünstigt werden häufige Gesetzesänderungen in der Europäischen Union auch durch die Exekutivlastigkeit ihrer Rechtsetzung.[32] Die allgemein konstatierte Entparlamentarisierung der Gesetzgebung[33] hat in der Europäischen Union ein neues Niveau erreicht. Der über Jahrzehnte mit verbissener Energie geführte Kampf des Europäischen Parlaments um die Verbesserung seines Status[34] war zwar durchaus erfolgreich und mit Terraingewinn des Parlaments bei jeder Ver-tragsreform verbunden,[35] vermochte aber an der ausschlaggebenden Bedeutung der Gesetzesvorbereitung durch die Kommission, die selbst kein Gesetzgebungs-

---

31 Vgl. *Weber*, Rechtsfragen der Durchführung des Gemeinschaftsrechts in der Bundesre-publik, 1987, S. 39 und *Winkel*, ZG 1997, 113ff., 123 sowie *v. Borries*, FS Rengeling, 2008, S. 485ff., 498 m. w. N., jedoch ohne Stellungnahme.

32 Vgl. allgemein *Härtel*, a. a. O., § 3 Rn. 2.

33 Vgl. allgemein *Meßerschmidt*, Gesetzgebungsermessen, 2000, S. 495 ff. m. w. N.

34 So *Dinan*, Ever Closer Union, 3. Aufl., Houndmills 2005, S. 328 („Parliament unapolo-getically exploits every opportunity to increase its power ... the institution generally has a power-hungry culture and ethos").

35 Vgl. statt vieler *Wessels*, a. a. O., S. 659 ff. m. w. N.

organ darstellt, nichts zu ändern.[36] Dass die Überlegungen zu einer verbesserten Rechtsetzung von der Kommission ausgingen, bestätigt ihre Rolle als faktischer Gesetzgeber. Dass einer auf Gesetzgebungsarbeit spezialisierten Behörde Gesetzesänderungen leicht von der Hand gehen, versteht sich, zumal wenn deren institutionelles Gewicht weitgehend mit der Gesetzgebung verknüpft ist. Auch das unionale Demokratiedefizit[37] begünstigt eine technokratische Gesetzgebung, die Gesetzesänderung als Nachsteuerung positiv definiert.

Ein weiterer Anlass zu Gesetzesänderungen ergibt sich aus der europäischen Dialektik von Neoliberalismus und Regulierungsbedarf. Die Grundfreiheiten des EGV und heute des AEUV garantieren eine europaweite Marktwirtschaft. Die extensive Auslegung dieser Grundfreiheiten bei gleichzeitig überwiegend restriktiver Interpretation der ordre-public-Vorbehalte durch den EuGH entzieht mitgliedstaatlicher Sozialgestaltung durch Gesetzgebung vielfach die Grundlage. Hieraus resultiert die Notwendigkeit, gesellschaftliche Probleme, deren Lösung das Unionsrecht jedenfalls in der Lesart des EuGH den Mitgliedstaaten untersagt, auf europäischer Ebene zu behandeln. Insofern zieht der Liberalismus der Grundfreiheiten eine Hochzonung des Staatsinterventionismus auf die europäische Ebene nach sich. Der drohenden libertären Demontage des Staates kann dieser nur durch europäische Kooperation, Unterwerfung unter die „Gemeinschaftsmethode" und letztlich Souveränitätspreisgabe entgehen. Das Janusgesicht der Europäischen Union, die vordergründig als wirtschafts- und sozialpolitischer Dr. Jeckyll und Mr. Hyde auftritt, ist insofern durchschaubar: Die Europäische Union expandiert zu Lasten der Mitgliedstaaten, indem sie das Interventionsrecht weitgehend den Unionsorganen vorbehält und von diesem auch in vielen Fällen Gebrauch macht.

Es kennzeichnet die erratische Rechtspolitik der Europäischen Union, die zwischen liberalistischem laissez-faire- und enrichissez-vous-Kapitalismus und präzeptoraler Bevormundung der Bürger oszilliert, wie sie mit kleineren und größeren privaten „Lastern" umgeht. Ihre inkonsistente Politik wird durch den EuGH eher noch verschärft denn gemildert. So wird den Unionsbürgern einerseits das Rauchen in öffentlichen Räumen verboten und der Erwerb klassischer Glühbirnen unterbunden, andererseits die Chance eröffnet, sich frei von mitgliedstaatlicher Reglementierung in Spielhöllen und durch Internetwetten zu ruinieren. Keine Willfähigkeit gegenüber einer überdies widersprüchlichen Rechtsprechung des EuGH in der leidvollen Materie der Sportwetten, wo priva-

36 Vgl. *Verhoeven*, in: Wintgens (Hg.), Legisprudence: A New Theoretical Approach to Legislation, Oxford 2002, S. 109 ff.
37 Vgl. statt vieler zuletzt *Härtel*, a. a. O., § 3 m. w. N.

ter Kommerz gegen staatlichen Schutz- und Ordnungswillen streitet, konnte das Bundesverfassungsgericht davor bewahren, bei nächster Gelegenheit durch den EuGH desavouiert zu werden.[38] Nicht einmal eine übergangsweise Fortgeltung des bisherigen Rechts mochte der EuGH den Mitgliedstaaten konzedieren, obwohl er in vergleichbaren Fällen der Rechtswidrigkeit von Gemeinschaftsrecht eben dies zur Vermeidung eines Regelungsvakuums zulässt.

F. Gesetzesänderung aus Sicht des Europarechts

Anders als in der deutschen Diskussion scheinen auf europäischer Ebene Vorschläge zur Eindämmung der Änderungsflut[39] bislang kaum Aufmerksamkeit auf sich zu ziehen.[40] Bezeichnenderweise ist die Änderungsflut kein Thema der Kommissionsverlautbarungen zur besseren Rechtsetzung und des vorangegangenen Mandelkern-Berichts. Allerdings muss sich auch die deutsche Rechtswissenschaft attestieren lassen, dass bis zu der *Brandner'schen* Arbeit die Gesetzesänderung kein eigenständiger Forschungsgegenstand war, sondern allenfalls peripher behandelt wurde.[41] In der europäischen Politik wird die Gesetzesänderung indes nicht nur als Problem verdrängt, sondern als Ziel proklamiert. Alle Verlautbarungen aus der Kommission oder ihrem Umfeld zur besseren Regulierung nennen Rechtsvereinfachung und Aktualisierung stets in einem Atemzug.[42] Es entspricht dem Bild der Gesetzgebung als Kreislauf und der Ambition des lernenden Gesetzgebers, in die europäischen Rechtsakte Evaluations- und Revisionsklauseln einzubauen. Das moderne europäische Gesetz plant seine eigene Veränderung. Im Extrem verwandelt sich das Gesetz vom Ordnungs- zum Politikentwicklungsinstrument. Die Aktionsrichtlinie[43] ist hierfür das beste Beispiel.

---

38 Vgl. BVerfGE 115, 276 = NJW 2006, 1261; BVerfG NVwZ-RR 2008, 1; BVerfG NVwZ 2008, 301 und BVerfG NVwZ 2009, 295 einerseits, EuGH, Urt. v. 8.9.2010 – Rs- C-409/06 – BeckEuRS 2010, 522092 – Winner Wetten ./. Bergheim andererseits. In Placanica hatte der EuGH demgegenüber sogar noch die Auffassung vertreten, dass eine „Politik der kontrollierten Expansion im Bereich der Glücksspiele (...) ohne weiteres mit dem Ziel im Einklang stehen (könne), Spieler, die als solche verbotenen Tätigkeiten geheimer Spiele oder Wetten nachgehen, dazu zu veranlassen, zu erlaubten und geregelten Tätigkeiten überzugehen" (EuGH, Urt. v. 6.3.2007 – Rs. C-338/04, C-359/04 und C-360/04 – MMR 2007, 300, Rn. 55).

39 Vgl. *Brandner*, a. a. O., S. 3.

40 So findet sich in dem großen Handbuch Europäische Rechtsetzung von *Härtel* kein einziger Hinweis im Sachregister, dass Probleme der Gesetzes- oder Richtlinienänderung, des Vertrauensschutzes und des Kontinuitätsgebots dort behandelt werden.

41 Vgl. *Brandner*, a. a. O., S. 4.

42 Vgl. nur Mandelkern-Bericht, S. 10.

43 Hierzu näher *Meßerschmidt*, a. a. O., § 2 Rn. 387 ff. Zum Begriff *Breuer*, Entwicklungen

Dieser in letzter Zeit vermehrt auftretende Richtlinientypus, der als „autonomie-schonende Steuerung im europäischen Mehrebenensystem" gepriesen wird,[44] ist vor allem durch die Vorgabe von 1. Evaluationspflichten (Bestandsaufnahme und Bewertung einer Umweltsituation) und 2. Planungspflichten der Mitgliedstaaten sowie 3. Umsetzungsmaßnahmen bei einem weiten staatlichen Umsetzungsermessen charakterisiert. Dieses einem Paradigmenwechsel gleichkommende Rechtsetzungsmuster[45] macht es der EU leichter, ihren Regelungsanspruch immer weiter auszudehnen. Die verringerte Regelungsdichte geht daher oft mit einer extensiven Rechtsetzung einher. Bei näherem Hinsehen erweist sich die modelltheoretisch überzeugende Struktur der Aktionsrichtlinien, die der konkreten Rechtsetzung umfassende Ermittlungs- und Planungspflichten vorschalten, als Ausdruck eines problematischen Regelungsmodells, das eine schwache inhaltliche Normierung mit anspruchsvollen prozeduralen und organisatorischen Anforderungen an die inhaltlich gering determinierte Umsetzung verbindet.[46] Diese schlagen sich in einem Umsetzungsaufwand nieder, der trotz der Nacheinanderschaltung und zeitlichen Verteilung der Aufgaben die Fachverwaltungen der Mitgliedstaaten zu überfordern droht und auch die Monitoringkapazitäten der Kommission an ihre Grenzen führt.

Auch in den übrigen neueren Richtlinien finden sich – dem better-regulation-Programm der Kommission entsprechend – Gesetzesbeobachtungspflichten bis hin zu Revisionsklauseln. Das lernende Gesetz im Sinne eines rationalen Kreislaufmodell der Gesetzgebung zielt nachgerade auf seine Änderung. Das „motorisierte Gesetz", von dem *Carl Schmitt* in anderem Kontext sprach,[47] wird so Realität, Gesetzgebung zur permanenten Legislation.

Es ist allerdings ein Euphemismus, das anspruchsvolle Programm der Totalrevision des europäischen Sekundärrechts als Rechtsvereinfachung zu charakterisieren. Auch wenn am Ende dieses Prozesses eine Rechtsvereinfachung stehen mag, ist der Weg dorthin alles andere als einfach. Im europäischen Mehrebenensystem genügt bei der dominierenden Rechtsetzungsform der Richtlinie nicht die Vereinfachung des Richtlinienrechts, das aus Gründen der Rechtsvereinfachung geänderte Richtlinienrecht zieht vielmehr eine mitgliedstaatliche Umsetzungsänderungsgesetzgebung nach sich. Soweit die Europäische Union die Rechtsvereinfachung mit einer Verminderung der Regelungsdichte verbindet, entstehen für

des Europäischen Umweltrecht – Ziele, Wege, Irrwege, 1993 , S. 32 ff.

44   *Reese*, in: Oldiges (Hg.), Umweltqualität durch Planung, 2006, S. 25 ff., 42.
45   Ähnlich *Durner/Ludwig*, NuR 2008, 457 ff., 464 f.
46   Vgl. *Lell/Rechenberg*, ZUR Sonderheft 2001, 120 ff., 122.
47   *C. Schmitt*, Die Lage der europäischen Rechtswissenschaft (1943/44), abgedruckt in ders., Verfassungsrechtliche Aufsätze, 3. Aufl. 1985, S. 386 ff., 407.

die Mitgliedstaaten zusätzliche Regelungslasten. Das anspruchsvolle Gesetzgebungsprogramm der Wasserrahmenrichtlinie ist hierfür ein aktuelles Beispiel. Die vordergründige Rechtsvereinfachung kann dadurch hinfällig werden. Das Rechtsvereinfachungsprojekt und die damit verbundene Gesetzesänderungskaskade überfordern die Mehrzahl der Mitgliedstaaten. Es ist eine einigermaßen absurde Vorstellung, Malta, Zypern, Lettland oder die Slowakei könnten die weitgehende Revision des Unionsrechts seriös mit ihrer jeweils kleinen Gesetzgebungsbürokratie implementieren. Selbst wenn jeder zehnte der 15.000 im öffentlichen Dienst Maltas Beschäftigten[48] in der Lage wäre, Gesetzgebungsarbeit zu leisten, und man noch die Mehrzahl der dort im Jahr 2008 zugelassenen 393 Rechtsanwälte[49] zur Hilfe nähme, könnte dies nur oberflächlich gelingen.

Die Nachteile von Gesetzesänderungen werden von der Europäischen Union überhaupt nicht in den Blick genommen. Sie betont die Kohärenz der Rechtsordnung und ignoriert, dass Kontinuität des Rechts einen wesentlichen Beitrag zu seiner Kohärenz leistet. In der Geringschätzung der Rechtskontinuität spiegelt sich sowohl ein instrumenteller Ansatz, der ständige Aktualisierung als Managementaufgabe auffasst,[50] als auch die Finalität der immer engeren Union, die Rechtsänderung mit Integrationsfortschritt gleichsetzt. Demgegenüber ist daran zu erinnern, dass Rechtsvereinfachung und Gesetzesänderung kein Selbstzweck sind, sondern dass ihre Vorteile gegen die Nachteile von Rechtsänderungen abgewogen werden müssen. Hieraus ergibt sich die rechtspolitisch-legistische Forderung, Rechtsvereinfachungsprojekte in der Regel nur anzugehen, falls zugleich ein erheblicher sachpolitischer Änderungsbedarf besteht.

G. Nationale Gesetzesänderung und Europarecht

Kehrseite der europarechtlich induzierten Gesetzesänderungen, in denen sich Dynamik und Expansion des Europarechts spiegeln, ist die aus dem Umsetzungsanspruch und Anwendungsvorrang des Europarechts sich zwangsläufig ergebende Entwertung von Gesetzesänderungen auf nationaler Ebene, soweit diese in den europarechtlich determinierten Bereich hineinreichen. Nachträgliche „nationale Alleingänge" sind so gut wie ausgeschlossen.[51] Hieran ist juristisch nichts auszusetzen, und es soll auch nicht für eine Lockerung dieser Bindung plädiert

---

48 Quelle: Malta in Figures 2010, http://www.nso.gov.mt/statdoc/document_file.aspx?
    id=2873 (dort Tabelle 87), aufgerufen am 20.11.2010.
49 Quelle: http://www.ccbe.eu/fileadmin/user_upload/NTCdocument/Final_brochure_FRpd
    2_1239864211.pdf, aufgerufen am 20.11.2010.
50 Zur wirtschaftswissenschaftlichen Sicht *Meßerschmidt*, a. a. O., § 7 Rn. 86.
51 Die sog. Schutzverstärkungsklauseln sind sektoral begrenzt, vgl. *Meßerschmidt*, a. a. O.,
    § 2 Rn. 289 ff.

werden, die auf eine Auflösung der Europäischen Union als Rechtsgemeinschaft hinauslaufen würde. Dennoch gehört zum Gesamttableau der Gesetzesänderung unter den Bedingungen der europäischen Integration auch die Erschwernis von Reformen und Fehlerkorrekturen, die stets von einer Mehrheit der Mitgliedstaaten oder sogar von deren Konsens getragen sein müssen. Es liegt auf der Hand, dass es einem Mitgliedstaat nicht leichtfallen wird, für seinen Änderungswunsch die Unterstützung der übrigen 26 Mitgliedstaaten zu gewinnen. Dies kann zu einer teilweisen Versteinerung des Rechts führen. Hiergegen ist selbst ein politischer Kurswechsel nach Wahlen, wie er in den meisten Mitgliedstaaten mit gewisser Regelmäßigkeit vorkommt, weitgehend machtlos. Dieser Befund muss nicht im Widerspruch zur zuvor beschriebenen Änderungshäufigkeit des Unionsrechts stehen. Bei der Mehrzahl dieser Änderungen handelt es sich nämlich um Fortschreibungen einer einmal eingeschlagenen Politik. Die konkordanzdemokratische Tendenz der europäischen Politik macht Richtungswechsel noch mehr zur Ausnahme als in der nationalen Politik.[52] Deshalb geht die Dynamik der Rechtsentwicklung in der Europäischen Union keineswegs mit hohen Veränderungschancen aus mitgliedstaatlicher Sicht einher.

H.   Fazit

Das Desiderat rationaler Gesetzgebung, welches sich die europäische Politik gerne ans Revers heftet, droht zum frommen Wunsch zu werden, wenn Gesetzgebung nicht mehr nur unter dem Einfluss organisierter Interessen steht, sondern ihre Sachziele durch Machtkalkül der dominanten europäischen Institutionen gesteuert oder überlagert werden. Auch wenn die Verknüpfung sachpolitischer und institutioneller Interessen nichts Neues und insbesondere auch von der bundesstaatlichen Ordnung her vertraut ist, nimmt diese Dialektik in der Europäischen Union doch eine bislang nicht dagewesene Intensität an. Die Änderungsgesetzgebung wie auch die Aktionsrichtlinien werden zum Vehikel eines imperialen Anspruchs der Europäischen Union, welche die Weichenstellungen vornimmt, die Folgenverantwortung jedoch den Mitgliedstaaten überlässt.

---

52 Vgl. *Scharpf*, in: Dobner/Loughlin (Hg.), The Twilight of Constitutionalism?, Oxford 2010, S. 89 ff., 100.

Thilo Brandner hat in seinen Kolumnen zwei Figuren verwendet, die ihm offensichtlich seit seiner Kindheit vertraut waren.[53] Ich möchte daher zum Schluss ebenfalls eine Kindheitserinnerung bemühen: In meiner Bilderbuchsammlung befand sich ein Buch mit dem Titel „The make-believe parade". Hieran muss ich gelegentlich denken, wenn ich mir Politik und Gesetzgebung auch und gerade der Europäischen Union anschaue.

---

53 Vgl. zu den Affen Schlevian (der *nom de plume Thilo Brandner*s im Internet) und Kukuk das Kinderbuch von *Paul Maar*, Der tätowierte Hund (1967), Neuaufl. 1998.

Interparlamentarische Demokratie? Zur Einbindung der nationalen Parlamente in die Rechtsetzung der Europäischen Union

Matthias Rossi*

A. *Konzept der demokratischen Legitimation der Europäischen Union*

Wegen des Anwendungsvorrangs des Rechts der Europäischen Union vor nationalem Recht und mit zunehmender Kompetenzübertragung von den Mitgliedstaaten auf die Europäische Union durch die zahlreichen Vertragsänderungen seit der Einheitlichen Europäischen Akte ist das Bewusstsein für die demokratische Legitimationsbedürftigkeit der europäischen Rechtsetzung kontinuierlich geschärft worden. Die – im Ergebnis nicht zutreffende – These vom Demokratiedefizit der Europäischen Union hält sich beharrlich und bestimmt jede oberflächliche Diskussion über den Sinn und die Befugnisse der Europäischen Union. Insofern ist es nicht verwunderlich, dass der Vertrag von Lissabon – stärker noch als der Entwurf über einen Verfassungsvertrag – das Konzept der demokratischen Legitimation in den Art. 10 – 12 EUV explizit offen legt. Neben dem in Art. 10 EUV festgeschriebenen Grundsatz der repräsentativen Demokratie (I.) sind dabei mit Art. 11 EUV erstmals Elemente partizipativer Demokratie (II.) und in Art. 12 EUV zudem Aspekte interparlamentarischer Demokratie (III.) in das Primärrecht aufgenommen worden. Nach einer kurzen Rekapitulation der ersten beiden Legitimationsformen soll die dritte demokratische Erscheinungsform, die interparlamentarische Demokratie, näher betrachtet werden. Dass dabei im Ergebnis insgesamt eine gewisse Skepsis durchschlägt, ist nicht zuletzt auch dem ebenso unvoreingenommenen wie kritischen Blick Thilo Brandners geschuldet, mit dem er das Europarecht und seine rasante Entwicklung in den letzten 25 Jahren betrachtet hat.

*   Meinem Mitarbeiter, Herrn *Christian Hufen*, danke ich vielmals für die wertvolle Unterstützung.

I. Grundsatz repräsentativer Demokratie

Art. 10 EUV hebt zunächst den Grundsatz der repräsentativen Demokratie hervor. Während Abs. 1 diesen einerseits ganz konkret, andererseits aber auch konkretisierungsbedürftig benennt, formuliert Abs. 2 die beiden Legitimationsstränge, über die die beiden zu legitimierenden Rechtsetzungsorgane mit den Legitimationssubjekten verbunden sind: Das Europäische Parlament wird unmittelbar demokratisch legitimiert durch die Bürgerinnen und Bürger, der Europäische Rat und der Rat der Europäischen Union werden mittelbar demokratisch legitimiert durch die in ihnen vertretenen Staats- und Regierungschefs bzw. die jeweiligen Regierungsvertreter.[1] Drei Aspekte seinen dabei in diesem Kontext kurz hervorgehoben:

Zunächst sei in Erinnerung gerufen, dass die demokratische Legitimation der Europäischen Union respektive der Europäischen Gemeinschaften ursprünglich ganz überwiegend über den Rat erfolgte. Dies war insofern konsequent, als nur dieser verbindliche Rechtsetzungskompetenzen innehatte. Erst mit der zunehmenden Befugniserweiterung des Europäischen Parlaments wuchs auch die Notwendigkeit seiner stärkeren demokratischen Legitimation. Die Einführung der Direktwahlen des Europäischen Parlaments und sein ständiger Zuwachs an Einflussmöglichkeiten auf die Rechtsetzung und den Haushalt der EU stehen somit in einem wechselseitigen, spiralähnlichen Zusammenspiel: Die Befugniserweiterung des Parlaments verlangt nach einer stärkeren Legitimation, die ihrerseits stärkere Befugnisse verlangt. Vor diesem Hintergrund ist es auch die unter der Flagge des Demokratieprinzips artikulierte Forderung nach weiteren Befugnissen des Europäischen Parlaments, die die Europäische Union in die Nähe einer Staatlichkeit führt, die letztlich doch nicht gewollt ist.

Diese Entwicklung muss deshalb betont werden, weil sie der Systematik des Art. 10 Abs. 2 EUV nicht mehr zu entnehmen ist: Wegen der (vermeintlich) höheren Bedeutung der unmittelbaren Legitimation des Europäischen Parlaments wird dieser Strang als erster genannt, wohingegen sich die über den Europäischen Rat und den Rat der EU vermittelte Legitimation erst an zweiter Stelle befindet. Verstärkt wird die Hervorhebung des Europäischen Parlaments zusätzlich dadurch, dass als Legitimationssubjekte nicht mehr die „Völker der Mitgliedstaaten", sondern die „Bürgerinnen und Bürger" genannt sind. Damit soll wohl unabhängig nationalstaatlicher Gliederungen unmittelbar an die Unionsbürger angeknüpft werden, was mindestens in zweifacher Hinsicht widersprüchlich bleibt: Erstens wird die Unionsbürgerschaft streng akzessorisch aus einer mitglied-

1 *Calliess*, ZG 2010, 1, 5; *Baach*, Parlamentarische Mitwirkung in Angelegenheiten der Europäischen Union, 2008, S. 6.

staatlichen Staatsangehörigkeit abgeleitet, und zweitens und vor allem ist auch das Wahlrecht in Bezug auf das Europäische Parlament nach wie vor mitgliedstaatlich ausgestaltet. Vor diesem Hintergrund und angesichts der mitgliedstaatlichen Kontingentierung der Sitze im Europäischen Parlament kann jedenfalls die Gleichheit der Wahl nicht unionsweit gewährleistet werden – ein Umstand, dem das Primärrecht dadurch Rechnung trägt, dass es die Gleichheit gar nicht erst als Wahlrechtsgrundsatz verlangt. Konsequenterweise vermeiden Art. 10 Abs. 2 EUV wie auch Art. 14 Abs. 2 EUV es, von den Mitgliedern des Europäischen Parlaments als Vertreter des (also eines) Europäischen Volks zu sprechen.

Die (theoriegeschaffenen) Probleme der Bestimmung des Legitimationssubjekts bzw. der Legitimationssubjekte der Europäischen Union im Allgemeinen und des Europäischen Parlaments im Besonderen werden weitgehend irrelevant, wenn man sich mit Art. 10 Abs. 2 UAbs. 2 EUV darauf besinnt, dass die Europäische Union von einem Zwittercharakter ist: Sie ist ein Zusammenschluss der Staatsbürger in den Mitgliedstaaten, die in ihrer Summe als Unionsbürger bezeichnet werden mögen, und zugleich ein Zusammenschluss der Mitgliedstaaten selbst. Die Betonung dieser ursprünglich angelegten Architektur der Europäischen Union hilft auch zu vermeiden, die – überflüssige – Diskussion über die Frage der Finalität der Europäischen Union durch eine staatstheoretische Brille zu führen. Die Europäische Union sollte stets ein Gebilde sui generis sein und ist es auch heute noch. Deshalb kann und darf sie auch auf besondere Art und Weise demokratisch legitimiert werden.

II.   Elemente partizipativer Demokratie

Zu der besonderen Art und Weise der demokratischen Legitimation sollen nach Art. 11 EUV zusätzlich Elemente partizipativer Demokratie beitragen, die hier nur genannt seien:

Wenn Art. 11 Abs. 1 EUV auch vollmundig davon spricht, dass „die Organe den Bürgerinnen und Bürgern in geeigneter Weise die Möglichkeit geben, ihre Ansichten in allen Bereichen des Handelns der Union öffentlich bekannt zu geben und auszutauschen," verbirgt sich bei normativer Betrachtung doch nicht viel mehr dahinter als die Gewährleistung der Kommunikationsfreiheiten, insbesondere der Meinungsfreiheit, die in der Europäischen Union nicht nur eine Selbstverständlichkeit, sondern auch durch Art. 11 und Art. 12 GRCh verbindlich vorgesehen ist. Die besondere, über diese grundrechtliche Dimension hinausgehende Bedeutung des Art. 11 Abs. 1 EUV liegt deshalb wohl eher in der Einbezie-

Matthias Rossi

hung der „repräsentativen Verbände" in die Gewährung der Rechte, womit bei praktischer Betrachtung einer kollektiven Interessenwahrnehmung und bei normativer Betrachtung der Möglichkeit zur kollektiven Grundrechtsausübung Rechnung getragen wird.

Hieran knüpft auch Art. 11 Abs. 2 EUV an, der – ausgesprochen vage – erneut von „den repräsentativen Verbänden" sowie dann – noch unbestimmter – von „der Zivilgesellschaft" spricht, mit denen die Organe einen „offenen, transparenten und regelmäßigen Dialog" zu pflegen verpflichtet werden.

Etwas konkreter schreibt Art. 11 Abs. 3 EUV primärrechtlich vor, dass die Europäische Kommission, die von diesem Absatz alleine in die Pflicht genommen wird, „umfangreiche Anhörungen der Betroffenen" durchzuführen hat. Mit dieser Betroffenenbeteiligung in einer frühen Verfahrensphase der Rechtserzeugung soll „die Kohärenz und die Transparenz des Handelns der Union" gewährleistet werden, wie die Norm hervorhebt. Von diesen Zielen abgesehen kann die Betroffenenbeteiligung im Rechtsetzungsverfahren die Chance zur Einbeziehung von Sachverstand ebenso bieten wie die Gefahr der Privilegierung bestimmter Gruppen und damit des Verlusts der Allgemeinverbindlichkeit bergen.

Besonderer Ausdruck einer direkt-demokratischen Ausgestaltung des Konzepts demokratischer Legitimation ist schließlich die erstmals im Primärrecht vorgesehene Möglichkeit einer Bürgerinitiative, mit der eine Million Unionsbürger die Europäische Kommission zwar nicht verpflichten, aber immerhin doch auffordern können, einen Rechtsetzungsvorschlag zu unterbreiten ein – Recht, das durch die Verordnung 211/2011 vom 16. 2. 2011 jüngst konkretisiert wurde.

III. Aspekte interparlamentarischer Demokratie

Neben diesen Elementen partizipativer und direkter Demokratie wird der Grundsatz der repräsentativen Demokratie von Art. 12 EUV auch um Aspekte einer interparlamentarischen Demokratie ergänzt. Mit dieser Bestimmung werden erstmals primärrechtlich die verschiedenen Einwirkungsmöglichkeiten der nationalen Parlamente auf die europäische Rechtsetzung zusammengefasst, die sich in den letzten vier Jahrzehnten herausentwickelt haben.[2] Konzeptuell knüpfen sie an eine Verknüpfung der beiden Legitimationsstränge an, indem sie die unmittelbare demokratische Legitimation des Europäischen Parlaments mit der mittel-

2   Zur Entwicklung vgl. *Calliess,* in: Calliess/Ruffert (Hrsg.), EUV/AEUV, 4. Aufl., Art. 12 Rn. 3 ff.

baren, nämlich über die nationalen Parlamente vermittelten demokratischen Legitimation des Rats der EU zu verbinden versuchen.

Wie dies im Einzelnen ausgestaltet ist, soll zunächst dargestellt (B.) und sodann zusammenfassend beurteilt werden (C.).

B.   Formen der Einbindung der nationalen Parlamente in die Rechtsetzung

Art. 12 EUV gestaltet insgesamt sechs Formen der Einbindung der nationalen Parlamente in die Beschlussfassung der Europäischen Union aus. Er räumt ihnen ganz allgemein Informationrechte ein (1.) und bindet sie zudem in die Subsidiaritätskontrolle ein (2.). Darüber hinaus stattet er sie bezüglich Maßnahmen auf dem Gebiet des Raums der Freiheit, der Sicherheit und des Rechts (3.) sowie im Vertragsänderungsverfahren (4.) mit besonderen Beteiligungsrechten aus. Auch in das Beitrittsverfahren von beitrittswilligen Drittstaaten sind die nationalen Parlamente eingebunden (5.). Schließlich ist eine interparlamentarische Zusammenarbeit vorgesehenen (6.).

Wenn diese verschiedenen Erscheinungsformen näher betrachtet werden sollen, muss hervorgehoben werden, dass Art. 12 EUV nicht die einzige Rechtsgrundlage der interparlamentarischen Zusammenarbeit ist. Vielmehr sind auf europäischer Ebene zusätzlich die im Protokoll über die Rolle der nationalen Parlamente in der Europäischen Union[3] sowie im Protokoll über die Anwendung der Grundsätze der Subsidiarität und der Verhältnismäßigkeit[4] vorgesehenen Verfahren zu beachten und auf nationaler Ebene das Integrationsverantwortungsgesetz (IntVG), das Gesetz über die Zusammenarbeit von Bundesregierung und Deutschem Bundestag in Angelegenheiten der Europäischen Union (EUZBBG) sowie die Geschäftsordnungen des Deutschen Bundestages (GOBT) und des Bundesrates (GOBR) zu berücksichtigen. Ausgehend von der Systematik des Art. 12 EUV werden im Folgenden zunächst die europarechtlichen Vorgaben skizziert und sodann die jeweiligen deutschen Konkretisierungen präsentiert.

I.   Informationsrechte

Art. 12 lit. a EUV betrifft zunächst die Einbindung der nationalen Parlamente in den allgemeinen Rechtssetzungsprozess der Union.

3   ABl. 2007, C 306/148.
4   ABl. 2007, C 306/150.

1. Unionsrechtliche Vorgaben

Die Vorschrift sieht vor, dass die Parlamente der Mitgliedstaaten von den Unionsorganen unterrichtet werden und ihnen die Entwürfe von Gesetzgebungsakten der Union direkt zugeleitet werden. Genaueres hierzu ist in dem Protokoll über die Rolle der nationalen Parlamente in der Europäischen Union geregelt. Unabhängig dieser Konkretisierung liegt die besondere Bedeutung des Art. 12 lit. a EUV darin, dass die nationalen Parlamente unmittelbar von den Unionsorganen und nicht nur mittelbar durch die mitgliedstaatlichen Regierungen über Gesetzgebungsakte informiert werden.

Hinsichtlich des Zeitpunkts der Unterrichtung präzisiert Art. 2 des Protokolls, dass Gesetzgebungsentwürfe der Kommission den nationalen Parlamenten zur gleichen Zeit wie dem Europäischen Parlament zugeleitet werden. Die vom Europäischen Parlament vorgelegten Entwürfe werden den Parlamenten der Mitgliedstaaten direkt zugeleitet. Dabei sind mit „Entwurf" alle Vorschläge, Äußerungen und Initiativen aller Unionsorgane gemeint, die den Erlass eines Gesetzgebungsaktes zum Ziel haben. Gemäß Art. 4 des Protokolls müssen zwischen dem Zeitpunkt der Zuleitung und dem Zeitpunkt, an dem der Entwurf zwecks Erlass oder zur Festlegung eines Standpunkts im Rahmen eines Gesetzgebungsverfahrens auf die vorläufige Tagesordnung des Rates gesetzt wird, acht Wochen liegen. Hierdurch sollen die nationalen Parlamente die Gelegenheit erhalten, die Entwürfe ausreichend zu prüfen. Weiterhin verlangt Art. 5 des Protokolls, dass die Parlamente auch über die Tagesordnungen sowie die Ergebnisse der Ratstagungen unterrichtet werden.

Diesen relativ umfassenden aktiven Unterrichtungspflichten der europäischen Organe und den mit ihnen korrespondierenden passiven Informationsrechten der nationalen Parlamente stehen nur eingeschränkt Möglichkeiten gegenüber, das europäische Normsetzungsverfahren aktiv, etwa durch Anregungen an die Organe der Europäischen Union, zu beeinflussen. Lediglich bezüglich des Subsidiaritätsprinzips sowie der Verhältnismäßigkeit können die mitgliedstaatlichen Parlamente nach Art. 3 des Protokolls Stellungnahmen an die Präsidenten von Rat, Kommission oder Parlament richten und eine Subsidiaritätsrüge erheben, was in der Sache dadurch gerechtfertigt ist, dass hier die mitgliedstaatlichen Interessen generell und speziell die parlamentarischen Interessen betroffen sind (s. dazu II.). Die Einzelheiten vollziehen sich hierbei nach Maßgabe des Protokolls über die Anwendung der Grundsätze der Subsidiarität sowie der Verhältnismäßigkeit.[5] Im

---

5   ABl. 2007, C 306/150.

Übrigen sollen die Informationsrechte die nationalen Parlamente lediglich in die Lage versetzen, sich frühzeitig eine eigene Meinung zu dem Gesetzgebungsvorhaben zu bilden und diese gegebenenfalls über die jeweilige Regierung in den Rat der Europäischen Union zu tragen.

Diese in der Gewährung bloßer passiver Informationsrechte zu erkennende Zurückhaltung gegenüber aktiven Einwirkungsmöglichkeiten indiziert, dass Art. 12 EUV zwar einerseits die demokratische Legitimation des Handelns der EU stärken will, andererseits die nationalen Parlamente aber nicht neben den Rechtssetzungsorganen der Union in die Funktion eines Nebengesetzgebers versetzen will.[6] Im allgemeinen Rechtsetzungsprozess kommt den nationalen Parlamenten also primär eine beobachtende Rolle zu; eine unmittelbare Einflussnahmemöglichkeit auf den Inhalt der zu erlassenden Normen besteht nicht.

2. Innerstaatliche Ausgestaltung

Über Art. 12 EUV hinaus steht es den Mitgliedstaaten frei, ihre Parlamente in noch höherem Maße an Entscheidungen, die die Mitwirkung des jeweiligen Mitgliedstaates in der Europäischen Union betreffen, zu beteiligen. Neben die Unterrichtung durch die Organe der Europäischen Union kann auf diese Weise eine Unterrichtung durch die jeweilige nationale Regierung treten. In Deutschland ist die Unterrichtung von Bundestag und Bundesrat im Zusammenhang mit Rechtsetzungsakten der Europäischen Union in Art. 23 Abs. 2 S. 2 und Abs. 3 GG festgeschrieben und durch das EUZBBG näher ausgestaltet.

a) Unterrichtung des Bundestages

Nach Art. 23 Abs. 2 S. 2 GG i.V.m. § 4 EUZBBG unterrichtet die Bundesregierung den Bundestag umfassend und zum frühestmöglichen Zeitpunkt über Vorhaben der Europäischen Union, zu denen nach § 3 Abs. 1 Nr. 3 EUZBBG unter anderem auch Vorschläge für Gesetzgebungsakte der EU gehören. Da der Anwendungsbereich des § 3 Abs. 1 EUZBBG sehr viele Handlungsformen der Organe der EU umfasst – auch der weite Katalog in dieser Vorschrift ist nicht abschließend – und S. 2 lediglich für die GASP eine Bereichsausnahme trifft, gelten die nachfolgend skizzierten Unterrichtungsgrundsätze auch für die übrigen von Art. 12 EUV erfassten Bereiche, die eine Mitwirkung der nationalen Parla-

---

6 *Kaufmann-Bühler*, in: Lenz/Borchardt, EU-Verträge, Art. 12 EUV Rn. 9.

mente vorsehen. Die Informationspflicht bezieht sich nicht nur auf Entwürfe von Rechtssetzungsakten, sondern erstreckt sich gemäß § 3 Abs. 1 EUZBBG zum Beispiel auch allgemein auf den Bereich der Haushalts- und Finanzplanung oder politische Programme und Aktionspläne der europäischen Organe und erfasst gemäß § 4 Abs. 4 EUZBBG bspw. geplante Rechtsbehelfe der EU vor dem EuGH.

Auch die Art der Informierung ist näher spezifiziert: Dem Bundestag sind durch die Bundesregierung nach § 5 EUZBBG Dokumente und Berichte der europäischen Organe zuzuleiten. Auch hier ist der Umfang der erfassten Dokumente sehr weit und erstreckt sich unter anderem auch auf inoffizielle Dokumente (non-papers) des Rates und der Kommission. Zusätzlich stellt die Bundesregierung bei Rechtsetzungsvorhaben der Europäischen Union gemäß § 7 Abs. 1 EUZBBG einen Berichtsbogen her, mit dem sie insbesondere eine Bewertung des Vorhabens hinsichtlich seiner Vereinbarkeit mit den Grundsätzen der Subsidiarität und der Verhältnismäßigkeit abgibt. Diese Vorschrift soll dem Bundestag die Abgabe einer Stellungnahme nach Art. 3 des Protokolls über die Rolle der nationalen Parlamente in der Europäischen Union ermöglichen. Darüber hinaus gibt die Bundesregierung nach § 7 Abs. 2 EUZBBG eine umfassende Bewertung ab, die neben den Einschätzungen zu den Grundsätzen der Subsidiarität und der Verhältnismäßigkeit auch solche zu Zuständigkeitsfragen, Umsetzungsbedarf oder Folgen für die Bundesrepublik Deutschland in rechtlicher, wirtschaftlicher oder sozialer Hinsicht enthalten. Hiermit wird dem Bundestag bei der Einschätzung hinsichtlich der Erhebung einer Subsidiaritätsrüge (dazu unten II.) geholfen.

Die Unterrichtung des Bundestages ist also gesetzlich weit ausgestaltet und geht im Umfang über das hinaus, was Art. 12 lit. a EUV von den Unionsorganen verlangt. So sieht § 8 EUZBBG Informations- und Berichtpflichten (einschließlich eines Berichtsbogens zu den Grundsätzen der Subsidiarität und der Verhältnismäßigkeit) der Bundesregierung gegenüber dem Bundestag auf dem Gebiet der GASP vor. Zwar ist dieser Bereich nach § 3 Abs. 1 S. 2 EUZBBG vom Anwendungsbereich der §§ 3 ff. EUZBBG ausgeschlossen, jedoch sieht § 8 EUZBBG Informationspflichten in etwas eingeschränkterem Umfang vor. Nicht ausdrücklich erfasst von § 8 EUZBBG ist das Recht auf Stellungnahme aus § 9 EUZBBG. Systematische Erwägungen sprechen dafür, dass der Bundestag auch im Bereich der GASP ein Recht auf Stellungnahme hat, da sich die Vorschrift, die das Stellungnahmerecht gewährt, direkt an die über die GASP anschließt.[7]

---

7 *Daiber*, DÖV 2010, 293, 301.

Neben diesen weitgehenden Informationspflichten sind auch die die dem Bundestag im EUZBBG eingeräumten Mitwirkungsrechte weiter, als Art. 12 EUV dies von den Unionsorganen fordert. Nach Art. 23 Abs. 3 S. 1 GG i.V.m. § 9 Abs. 1 EUZBBG kann der Bundestag Stellungnahmen zu jedem Vorhaben abgeben, also nicht nur zu den Grundsätzen der Subsidiarität und der Verhältnismäßigkeit in Zusammenhang mit Rechtsetzungsakten. Darüber hinaus muss die Bundesregierung bei allen Vorhaben auf Ebene der Europäischen Union die Stellungnahme des Bundestages nach Art. 23 Abs. 3 S. 2 GG berücksichtigen bzw. nach § 9 Abs. 2 EUZBBG ihren Verhandlungen zugrunde legen. Dass der Wortlaut des EUZBBG weiter ist als der des GG ist unbedenklich, da eine Bindung der Bundesregierung über den Grundgesetzwortlaut zulässig ist, solange diese sich innerhalb des Gestaltungsspielraumes der Unionsverträge und des Grundgesetzes befindet.[8]

§ 9 Abs. 4 S. 1 EUZBBG sieht des Weiteren vor, dass die Bundesregierung einen Parlamentsvorbehalt im Rat einzulegen hat, wenn der Beschluss des Bundestages hinsichtlich eines Rechtsetzungsakts der EU in einem seiner wesentlichen Belange nicht durchsetzbar ist. Dies bedeutet, dass die Bundesregierung sich im Rat noch nicht auf eine verbindliche Position festlegen darf.[9] Vielmehr soll die Bundesregierung ein Einvernehmen mit dem Bundestag anstreben, wie § 9 Abs. 4 S. 4 EUZBBG es verlangt. Nach § 9 Abs. 4 S. 6 EUZBBG darf die Bundesregierung aus wichtigen außen- oder integrationspolitischen Gründen von der Stellungnahme des Bundestages abweichen. Daraus ergibt sich aber, dass eine Abweichung nur aus diesen wichtigen Gründen zulässig ist, die Mitwirkungsrechte des Parlaments im Bereich der europäischen Rechtsetzung also stärker ausgeprägt sind, als dies unionsrechtlich erforderlich wäre. Fraglich ist, ob diese Abweichungseinschränkung sich auch auf Fälle bezieht, in denen die Bundesregierung kein Einvernehmen nach § 9 Abs. 4 S. 4 EUZBBG herstellen kann. Dann müsste die Bundesregierung in diesem Fall grundsätzlich der Stellungnahme des Bundestages folgen. Dagegen spricht aber vor allem der Wortlaut des Art. 23 Abs. 3 GG, so dass § 9 Abs. 4 EUZBBG nur ein Bemühen der Bundesregierung postuliert,[10] keinesfalls aber eine strikte Bindung der Bundesregierung an die Bundestagsbeschlüsse statuiert. Eine Aushöhlung der der Bundesregierung in

---

8   *Calliess*, ZG 2010, 1, 24; aA *Baach*, Parlamentarische Mitwirkung in Angelegenheiten der Europäischen Union, 2008, S. 217 mwN zu beiden Ansichten.
9   *Calliess*, ZG 2010, 1, 25.
10 *Calliess*, ZG 2010, 1, 25.

Art. 23 Abs. 3 S. 2 GG verfassungsrechtlich zugewiesenen Kompetenz ist bei dieser Auslegung des gesetzlichen § 9 EUZBBG nicht zu befürchten.[11]

b)   Unterrichtung des Bundesrates

Die Belange der Bundesländer werden nach Maßgabe des Art. 23 Abs. 4 – 6 GG berücksichtigt, die im Gesetz über die Zusammenarbeit von Bund und Ländern in Angelegenheiten der Europäischen Union (EUZBLG) konkretisiert werden. Art. 23 Abs. 4 – 6 GG wie auch das EUZBLG machen den Grad der Einbeziehung des Bundesrates als Vertretungsorgan der Länder auf Bundesebene davon abhängig, ob und welche Länderkompetenzen betroffen sind.

Grundsätzlich wird der Bundesrat nach § 2 EUZBLG über alle Vorhaben der EU unterrichtet, die für Länder von Interesse sein könnten. Nach § 3 EUZBLG hat der Bundesrat bei jedem Vorhaben der EU Gelegenheit zur Stellungnahme, soweit Länderinteressen berührt sind. Da der Anwendungsbereich dieser Norm auch sehr weit ist, beziehen sich die Ausführungen zur Unterrichtung des Bundestages auch grundsätzlich auf alle von Art. 12 EUV erfassten Mitwirkungsformen. Bei einer Mitwirkungspflicht des Bundesrates oder bei einer Zuständigkeit der Länder muss nach § 4 Abs. 1 EUZBLG ein vom Bundesrat benannter Ländervertreter zu den Beratungen zur Festlegung der Verhandlungsposition hinzugezogen werden. Soweit im Bereich der ausschließlichen Bundeskompetenz Länderinteressen berührt sind oder der Bund ansonsten zur Gesetzgebung befugt ist, wird die Stellungnahme des Bundesrates bei der Festlegung der Verhandlungsposition nach § 5 Abs. 1 EUZBLG berücksichtigt. Wenn bei einem Vorhaben schwerpunktmäßig ausschließliche Gesetzgebungsbefugnisse der Länder betroffen sind, ist die Stellungnahme des Bundesrates schon maßgeblich zu berücksichtigen (§ 5 Abs. 2 S. 1 EUZBLG), d.h. die Bundesregierung ist grundsätzlich an die Auffassung des Bundesrates gebunden und kann nur in Ausnahmefällen, etwa zur Wahrung der gesamtstaatlichen Verantwortung, davon abweichen.[12] Sind ausschließliche Gesetzgebungskompetenzen der Länder auf Gebieten der schulischen Bildung, der Kultur und des Rundfunks betroffen, so muss die Bundesregierung die Verhandlungsführung auf europäischer Ebene wegen der Kulturhoheit der Länder einem Ländervertreter übertragen (§ 6 Abs. 2 S. 1 EUZBLG). Gemäß § 6 Abs. 1 EUZBLG ist der angesprochene Ländervertreter

---

11   AA *Baach*, Parlamentarische Mitwirkung in Angelegenheiten der Europäischen Union, 2008, S. 217.

12   *Baach*, Parlamentarische Mitwirkung in Angelegenheiten der Europäischen Union, 2008, S. 233.

auch bei den Beratungen innerhalb von Rat und Kommission hinzuzuziehen, wenn der Bundesrat innerstaatlich mitwirkungspflichtig wäre, die Länder zuständig wären oder ihre Interessen berührt würden. Die Einwirkungsmöglichkeiten des Ländervertreters auf europäischer Ebene sind allerdings in diesem Verfahren sehr begrenzt, da nach § 6 Abs. 1 S. 2 EUZBLG die Verhandlungsführung bei der Bundesregierung verbleibt und der Vertreter der Länder nur mit ihrem Einverständnis Erklärungen abgeben darf. Diese Regelungen tragen freilich den Besonderheiten des deutschen Föderalismus und den Interessen der Länder eher Rechnung als dem Gedanken der parlamentarischen Mitwirkung.

c)   Integrationsverantwortung von Bundestag und Bundesrat

Des Weiteren ist die Mitwirkung von Bundestag und Bundesrat im Integrationsverantwortungsgesetz (IntVG) geregelt, das als Reaktion auf das Urteil des Bundesverfassungsgerichts zum Vertrag von Lissabon erlassen wurde. Dieses Gesetz enthält nicht nur, wie der Name dies suggerieren würde, Pflichten der Gesetzgebungsorgane hinsichtlich ihrer Mitwirkung an der europäischen Integration, sondern auch maßgeblich Rechte und Mitwirkungsbefugnisse, die über die an dieser Stelle dargestellte bloße Unterrichtung hinausgehen. So bedarf es nach § 3 Abs. 1 IntVG etwa eines Gesetzes nach Art. 23 Abs. 1 GG als innerstaatliche Grundlage für die Zustimmung des Bundeskanzlers als Vertreter der Bundesrepublik im Europäischen Rat zu einem Eigenmittelbeschluss nach Art. 311 Abs. 3 AEUV. Dieser Eigenmittelbeschluss wird aufgrund seiner weit reichenden Bedeutung vom IntVG als Vertragsänderung qualifiziert. Daher wird auf diese Regelung im Rahmen mit der Mitwirkung des Bundestages und Bundesrates im Vertragsänderungsverfahren näher einzugehen sein.

II.   Einbindung in die Subsidiaritätskontrolle

Nach Art. 12 lit. b EUV sind die Parlamente der Mitgliedstaaten dazu aufgerufen, an der Wahrung des Grundsatzes der Subsidiarität mitzuwirken. Auch hinsichtlich dieser Einbindung in die Subsidiaritätskontrolle ist zwischen den unionsrechtlichen Vorgaben auf der einen Seite und den nationalrechtlichen, in diesem Kontext also deutschen Vorgaben, auf der anderen Seite zu differenzieren.

1. Unionsrechtliche Vorgaben

Der nun in Art. 5 Abs. 1 S. 2, Abs. 3 EUV enthaltene Subsidiaritätsgrundsatz gehört zu den wichtigsten Prinzipien des Unionsrechts. Soweit möglich, sollen Ziele auf lokaler, regionaler oder nationaler Ebene durch die Mitgliedstaaten verwirklicht werden. Nur wenn eine Verwirklichung auf Unionsebene wirkungsvoller ist, soll die Union von einer konkurrierenden Kompetenz Gebrauch machen können, wodurch regionale und nationale Identitäten bewahrt und eine Zentralisierung der Europäischen Union verhindert werden sollen.[13]

Nach Art. 1 des Subsidiaritätsprotokolls sind alle Unionsorgane zur Beachtung dieses Grundsatzes verpflichtet. Die nationalen Parlamente sollen zur Wahrung der Grundsätze aber in den Rechtsetzungsprozess einbezogen werden, liegt es doch gerade im Interesse der Mitgliedstaaten und ihrer Volksvertretungen, dass die Befugnisse dort und nicht auf Ebene der Europäischen Union ausgeübt werden. Aus diesem Grunde haben sie innerhalb eines Frühwarnsystems ex ante die Möglichkeit, mit der Subsidiaritätsrüge auf etwaige Verletzungen des Subsidiaritätsprinzips hinzuweisen und sie zu verhindern, sowie ex post die Möglichkeit, vermeintliche Verletzungen des Subsidiaritätsprinzips mit der Subsidiaritätsklage vor den EuGH zu bringen.

a) Subsidiaritätsrüge innerhalb eines Frühwarnsystems

Mit dem Frühwarnsystem hinsichtlich der Nichteinhaltung des Subsidiaritätsgrundsatzes durch geplante Rechtsakte der Europäischen Union wird den mitgliedstaatlichen Parlamenten die Möglichkeit gegeben, die Einhaltung oder Verletzung des Subsidiaritätsgrundsatzes vor Erlass des beabsichtigten Gesetzgebungsaktes zu überprüfen. Art. 4 des Subsidiaritätsprotokolls verpflichtet die Unionsorgane, ihre Entwürfe bzw. geänderten Entwürfe von Gesetzgebungsakten sowie legislative Entschließungen den nationalen Parlamenten zuzuleiten. Diese werden also umfassend über die Rechtsetzungsaktivitäten der Unionsorgane informiert. Über diese bloße Unterrichtungspflicht hinaus schreibt Art. 5 des Subsidiaritätsprotokolls den Unionsorganen ebenfalls vor, den nationalen Parlamenten auch Begründungen und Vermerke hinsichtlich der Grundsätze der Verhältnismäßigkeit und der Subsidiarität zugänglich zu machen, damit sie die Einhaltung dieser Grundsätze besser beurteilen können. Zugleich soll durch die Be-

---

13 Umfassend *C. Calliess*, Subsidiaritätsprinzip und Solidaritätsprinzip in der Europäischen Union, 2. Aufl. 1999, passim.

gründungspflicht auch eine gewisse Selbstüberprüfung der Unionsorgane erreicht werden.[14]

Die Parlamente der Mitgliedstaaten haben nach Art. 3 des Protokolls über die Rolle der nationalen Parlamente i.V.m. Art. 6 des Subsidiaritätsprotokolls anschließend acht Wochen Zeit, um die Entwürfe auf ihre Konformität mit dem Subsidiaritätsgrundsatz zu überprüfen und Verstöße in einer begründeten Stellungnahme darzulegen, die an den Präsidenten von Rat, Kommission und Europäischem Parlament zu richten ist. Dieses Vorgehen nach Art. 6 des Subsidiaritätsprotokolls wird auch als Subsidiaritätsrüge bezeichnet. Nach Art. 6 Abs. 1 S. 2 Subsidiaritätsprotokoll obliegt es den nationalen Parlamenten, auch die regionalen Parlamente mit Gesetzgebungskompetenzen, d.h., die deutschen Landtage, zur Frage der Subsidiarität zu konsultieren, womit erstmals im europäischen Primärrecht die regionalen Parlamente mit einbezogen werden.[15] Eine genaue oder zwingende Mitwirkung wird den Regionalparlamenten bei der Subsidiaritätsrüge freilich hierdurch nicht zugedacht.

In Art. 7 des Subsidiaritätsprotokolls ist detailliert dargestellt, wie die Unionsorgane mit derartigen Stellungnahmen der nationalen Parlamente zu verfahren haben. Die Vorschrift trifft zahlreiche Differenzierungen in Abhängigkeit davon, wie viele nationale Parlamente eine begründete Stellungnahme zu einer Verletzung des Subsidiaritätsgrundsatzes eingereicht haben. Zur Gewichtung dieser Stellungnahmen erhält nach Art. 7 Abs. 1 UAbs. 2 jedes nationale Parlament zwei Stimmen, was vor allem dem Zweikammersystem in zahlreichen Mitgliedstaaten geschuldet ist, wo jeder Kammer eine Stimme zusteht. Zusammenfassend werden folgende Konstellationen unterschieden:

Erreicht die Anzahl der derart gewichteten Stimmen der nationalen Parlamente, die einen Verstoß gegen das Subsidiaritätsprinzip behaupten, kein im Protokoll festgelegtes Quorum, so haben die am Rechtsetzungsverfahren beteiligten Unionsorgane gemäß Art. 7 Abs. 1 des Subsidiaritätsprotokolls die Stellungnahmen lediglich zu berücksichtigen, wobei dies keine inhaltliche Auseinandersetzung mit der jeweiligen Stellungnahme verlangt.[16]

---

14 *Wohland*, Bundestag, Bundesrat und Landesparlamente im europäischen Integrationsprozess, 2007, S. 206.
15 *Wohland*, Bundestag, Bundesrat und Landesparlamente im europäischen Integrationsprozess, 2007, S. 199.
16 *Kaufmann-Bühler*, in: Lenz/Borchardt, EU-Verträge, Art. 12 EUV Rn. 11.

Ist der Entwurf nach der Stellungnahme wenigstens eines Drittels der Stimmen der nationalen Parlamente nicht mit dem Subsidiaritätsgrundsatz in Einklang zu bringen, so verlangt Art. 7 Abs. 2 des Subsidiaritätsprotokolls von den Unions-organen eine Überprüfung des Entwurfs. Dem Wortlaut nach ist hier also sehr wohl eine inhaltliche Auseinandersetzung mit den Stellungnahmen zu verlangen, die Unionsorgane müssen ihren Entwurf im Hinblick auf die Wahrung des Sub-sidiaritätsgrundsatzes überdenken. Das Quorum reduziert sich hierbei auf ein Viertel der Stimmen der nationalen Parlamente, wenn der beanstandete Entwurf auf Art. 61 lit. i AEUV beruht und Materien der Freiheit, der Sicherheit und des Rechts betrifft.

Erreichen die nationalen Parlamente, die in einer Stellungnahme von der Unver-einbarkeit von Entwurf und Subsidiaritätsgrundsatz ausgehen, die einfache Mehrheit der Stimmen, so muss der Entwurf ebenfalls von den Unionsorganen einer Prüfung unterzogen werden. Nach der Überprüfung ist es an der Kommis-sion zu entscheiden, ob sie an diesem Vorschlag festhalten will. Hält die Kom-mission an dem Vorschlag fest, so muss sie darüber hinaus in einer begründeten Stellungnahme ihrerseits darlegen, warum der Entwurf ihrer Ansicht nach den Subsidiaritätsgrundsatz nicht verletzt. Diese Stellungnahme wird zusammen mit den Stellungnahmen der nationalen Parlamente dem Rat und dem Europäischen Parlament vorgelegt, damit diese alle Stellungnahmen im Rahmen des weiteren Rechtsetzungsverfahrens berücksichtigen können. Sind dann 55% der Mitglieder des Rates oder 55% der abstimmenden Mitglieder des Europäischen Parlaments der Ansicht, dass der Entwurf nicht mit dem Subsidiaritätsprinzip in Einklang steht, so wird der Gesetzgebungsvorschlag nicht weiter geprüft, das bedeutet, dass der Gesetzgebungsentwurf gescheitert ist.

Allerdings besteht natürlich auch die Möglichkeit, dass Rat und Europäisches Parlament über die Bedenken der nationalen Parlamente hinweg den Rechtset-zungsakt beschließen. An dieser Möglichkeit wird der konsulative Charakter der Subsidiaritätsrüge deutlich: Die nationalen Parlamente können lediglich ihre Be-denken geltend machen und versuchen, auf die Organe der unionsrechtlichen Rechtsetzung Einfluss zu nehmen – den Rechtsetzungsakt selbst aber können auch alle nationalen Parlamente gemeinsam und auch dann nicht verhindern,[17] wenn sie der Ansicht sind, dass der Rechtsetzungsakt den Subsidiaritätsgrund-satz verletzt.

---

17 Zur Kritik hieran mwN *Calliess*, ZG 2010, 1, 9.

b)   Subsidiaritätsklage vor dem EuGH

In diesem Fall sind die nationalen Parlamente auf die Möglichkeit des Rechtsschutzes vor dem EuGH verwiesen. Gebrauch gemacht werden kann von diesem Rechtsschutz erst nach Beschluss des umstrittenen Rechtssetzungsaktes, worauf schon der Wortlaut des Art. 8 Subsidiaritätsprotokoll hinweist.[18] Nach Art. 8 des Subsidiaritätsprotokolls kann jedes nationale Parlament bzw. je nach innerstaatlicher Ausgestaltung jede Parlamentskammer vor dem EuGH wegen eines Verstoßes gegen das Subsidiaritätsprinzip klagen. Dieses Institut wird als Subsidiaritätsklage bezeichnet, die systematisch aber als normale Nichtigkeitsklage nach Art. 263 AEUV zu behandeln ist, wie Art. 8 des Subsidiaritätsprotokolls auch zum Ausdruck bringt. Formal wird die Subsidiaritätsklage deshalb als Klage des jeweiligen Mitgliedstaates und nicht etwa als Klage eines einzelnen Organs zu behandeln sein.[19] Der Mitgliedstaat – vertreten durch seine Regierung – fungiert dabei allerdings lediglich als Bote und darf die Klage inhaltlich nicht verändern, was sich auch im Wortlaut ausdrückt, dass er die Klage „im Namen des Parlaments übermittelt."[20] Im Übrigen ist darauf hinzuweisen, dass die Erhebung der Subsidiaritätsklage nicht von der vorherigen Erhebung einer Subsidiaritätsrüge abhängig ist.[21]

2.   Innerstaatliche Ausgestaltung in der Bundesrepublik Deutschland

Innerstaatlich sind Subsidiaritätsrüge und Subsidiaritätsklage im Integrationsverantwortungsgesetz (IntVG) ausgestaltet. Allerdings dienen die schon angesprochene Unterrichtung nach §§ 4 und 5 EUZBBG, § 2 EUZBLG sowie die damit einhergehende Einschätzung der Bundesregierung zur Einhaltung des Subsidiaritäts- und Verhältnismäßigkeitsprinzips nach § 7 Abs. 1 S. 2, Abs. 2 EUZBBG der Vorbereitung einer Subsidiaritätsrüge.

---

18   *Molsberger*, Das Subsidiaritätsprinzip im Prozess der europäischen Konstitutionalisierung, 2009, S. 214.

19   *Frenz*, Jura 2010, 641, 644; *Calliess*, ZG 2010, 1, 11.

20   *Molsberger*, Das Subsidiaritätsprinzip im Prozess der europäischen Konstitutionalisierung, 2009, S. 216.

21   *Wohland*, Bundestag, Bundesrat und Landesparlamente im europäischen Integrationsprozess, 2007, S. 208; *Callies*, ZG 2010, 1, 12 mwN.

a)   Subsidiaritätsrüge

Hervorzuheben ist, dass die Subsidiaritätsrüge, wie § 11 IntVG die begründete Stellungnahme i.S.d. Art. 6 Subsidiaritätsprotokolls bezeichnet, vom Bundestag wie vom Bundesrat jeweils selbständig erhoben werden kann, wobei der Gesetzgeber die genauere Verfahrensausgestaltung der Geschäftsführungsautonomie der beiden Organe überlassen hat. Nach § 93c GOBT wird die Entscheidung über die Erhebung einer Subsidiaritätsrüge vom Bundestag getroffen, wobei sie auch auf den Ausschuss für die Angelegenheiten der Europäischen Union übertragen werden kann, den der Bundestag in Übereinstimmung mit § 2 S. 1 EUZBBG errichtet hat. Mangels anders lautender Regelungen sind die Beschlüsse über die Erhebung der Subsidiarität mit der Mehrheit zu fassen. Auch das EUZBLG und die Geschäftsordnung des Bundesrates machen bezüglich einer Rügeerhebung durch den Bundesrat insofern keine genaueren Angaben.

b)   Subsidiaritätsklage

Die Subsidiaritätsklage hat verfassungsrechtlich ihre Grundlage in Art. 23 Abs. 1a GG, der erst im Jahre 2010 als Reaktion auf das Urteil des Bundesverfassungsgerichts zum Vertrag von Lissabon eingefügt wurde. Auch hiernach sind Bundestag und Bundesrat unabhängig voneinander zur Klageerhebung berechtigt.

aa)   Klageerhebung durch den Bundestag

Nach Art. 23 Abs. 1a S. 2 GG ist der Bundestag auf Antrag eines Viertels seiner Mitglieder sogar zur Klageerhebung verpflichtet.

Diese Regelung wirft Fragen hinsichtlich ihrer Verfassungsmäßigkeit wie auch ihrer Unionsrechtskonformität auf, weicht diese Regelung doch vom demokratischen Mehrheitsprinzip ab.[22] Das Bundesverfassungsgericht ist in seinem Urteil zum Vertrag von Lissabon auf diese Problematik eingegangen. Es sieht Art. 23 Abs. 1a S. 2 GG – oder vielmehr die Verpflichtung, im Namen der Minderheit von wenigstens einem Viertel im Namen des Bundestages Subsidiaritätsklage zu erheben – als Mittel, der oppositionellen Parlamentsminderheit als Gegenspieler der Regierungsmehrheit den Rechtsweg zum Europäischen Gerichtshof zu eröff-

22   Zweifelnd *Kaufmann-Bühler*, in: Lenz/Borchardt, EU-Verträge, Art. 12 EUV Rn. 13.

nen. Die Abweichung vom Mehrheitsprinzip wird als verfassungsrechtlich unbedenklich angesehen, weil es nicht um eine Entscheidung mit regelnder Wirkung, sondern nur um die Anrufung eines Gerichts gehe.[23] An dieser Stelle verweist der Zweite Senat auch auf Art. 93 Abs. 1 Nr. 2 GG, der die Anrufung des Bundesverfassungsgerichts ebenfalls auf Initiative eines Quorums von einem Viertel der Mitglieder des Bundestages zulässt.

Zweifel werden in erster Linie hinsichtlich der Vereinbarkeit des Antragsrechts der Minderheit mit dem Unionsrecht geäußert. Zum einen ergebe sich das Problem, dass sich der Bundestag im Außenverhältnis den Willen einer Minderheit zurechnen lassen müsse, vor allem aber werde das Klagerecht, das unionsrechtlich nur dem Parlament zustehe, vom nationalen Recht unzulässigerweise erweitert.[24] Es bedürfe auch keines besonderen Minderheitenschutzes, da sich die nationalen Parlamente hinsichtlich der Durchsetzung des Subsidiaritätsprinzips in einer natürlichen Kontroll- und Oppositionsrolle gegenüber der Unionslegislative befänden,[25] ein möglicher Interessengegensatz zwischen Regierungsmehrheit und Opposition also zu verneinen sei. Letztlich wird auch ein Missbrauchsargument gegen das Recht der Parlamentsminderheit auf Klageerhebung geltend gemacht, da die Subsidiaritätsklage von einzelnen, europaskeptischen oder extremistischen Fraktionen nur zum Zwecke der Aufmerksamkeitserregung instrumentalisiert zu werden drohe.[26]

Dem wird entgegengesetzt, dass Rechtsschutz gerade auch Minderheitenschutz ist.[27] Außerdem sei fraglich, ob die nationalen Parlamente dem Unionsgesetzgeber tatsächlich einheitlich in der erwähnten Oppositions- und Kontrollrolle gegenüberstehen oder ob nicht doch ein kollusives Zusammenwirken der Bundesregierung und der sie tragenden Parlamentsmehrheit zu erwarten ist.[28] Weiterhin wird argumentiert, dass Art. 8 Abs. 1 Subsidiaritätsprotokoll auf die innerstaatliche Rechtsordnung verweist und damit die Entscheidung über die Ausgestaltung des parlamentarischen Klagerechts den Mitgliedstaaten selbst überlassen werde.[29] Angesichts der nicht fern liegenden Erwägung, dass die parlamentarische Mehrheit aus Rücksicht auf die von ihr getragene Regierung und den von dieser Regierung entsandten Ratsvertreter auf eine Subsidiaritätsklage verzichte, könne

---

23   BVerfGE 123, 267, 431 f.
24   *Uerpmann-Wittzack/Edenharter*, EuR 2009, 313, 319, 321.
25   *Uerpmann-Wittzack/Edenharter*, EuR 2009, 313, 325.
26   *Uerpmann-Wittzack/Edenharter*, EuR 2009, 313, 327.
27   *F.Kirchhof*, DÖV 2004, 893, 895.
28   *Gas*, DÖV 2010, 313, 317.
29   *Frenz*, Jura 2010, 641, 645.

der innerstaatliche Ausgestaltungsspielraum nicht derart eingeschränkt werden.[30] Schließlich habe die Parlamentsmehrheit bereits über die Möglichkeit der politischen Einflussnahme auf eben die von ihr getragene Regierung eine mittelbare Klagemöglichkeit zum EuGH. Im Ergebnis müsse auf jeden Fall verhindert werden, dass Minderheitenrechte ihrer Wirksamkeit durch einen Mehrheitsbeschluss beraubt werden.[31]

Zum Teil wird vermittelnd argumentiert, dass zwar ein Viertel der gesetzlichen Mitglieder des Bundestages ausreichen sollten, es aber dennoch einer Mehrheitsentscheidung in der konkreten Abstimmung bedürfe.[32]

Für die Zulässigkeit der Klageerhebung aufgrund eines Minderheitenantrages spricht aber, dass Art. 8 des Subsidiaritätsprotokolls ausdrücklich auf die innerstaatliche Rechtsordnung eines jeden Mitgliedstaates verweist, diesen also grundsätzlich die Ausgestaltung der Klageerhebung im Namen ihrer Parlamente selbst überlässt. Gegen einen Verstoß gegen das unionsrechtliche Mehrheitsprinzip lässt sich auch hier anführen, dass es eben nicht um eine Entscheidung geht, die Auswirkungen auf das Rechtssetzungsverfahren selber hätte, sondern um die Wahrnehmung von Rechten, die auch einer Minderheit zustehen. Das Mehrheitsprinzip ist letztlich Teil des Demokratieprinzips, das eine Rückkoppelung von rechtlich verbindlichen Akten an einen Mehrheitswillen verlangt.[33] Bei der Wahrnehmung von Rechten, die im Ergebnis lediglich auf ein im Einklang mit dem schon bestehenden Recht stehendes Urteil zielt, ist eine solche demokratische Rückkoppelung nicht erforderlich. Hier soll kein neues allgemeinverbindliches Recht geschaffen werden, sondern nur die Vereinbarkeit mit einem objektiven Rechtssatz überprüft werden. Ein bloßer Antrag im Rechtsschutzverfahren bedarf keiner Legitimation durch einen Mehrheitswillen. Letztlich wird das Klagerecht auch nicht ausgeweitet auf einzelne Abgeordnete oder Fraktionen, sondern es ist ein bestimmtes Quorum erforderlich, bei dessen Erreichen der deutsche Verfassungsgeber davon ausgeht – und im Rahmen seines innerstaatlichen Ausgestaltungsspielraumes nach Art. 8 Abs. 1 Subsidiaritätsprotokoll auch ausgehen darf, – dass gewichtige sachliche Bedenken hinsichtlich der Einhaltung des Subsidiaritätsprinzips bestehen, die nicht nur Ausdruck politischer Partikularinteressen sind. Es bleibt auch dabei, dass der Bundestag und nicht nur ein

---

30 *Shirvani*, JZ 2010, 753, 755.
31 *Calliess*, ZG 2010, 1, 30 f.
32 *Kaufmann-Bühler*, in: Lenz/Borchardt, EU-Verträge, Art. 12 EUV Rn. 13.
33 *Baach*, Parlamentarische Mitwirkung in Angelegenheiten der Europäischen Union, 2008, S. 46.

Teil des Bundestages Antragsteller ist. Somit ist von der verfassungs- wie unionsrechtlichen Zulässigkeit der Minderheitenregelung auszugehen.

Nicht ausdrücklich in § 12 Abs. 1 IntVG enthalten ist die vom Bundesverfassungsgericht aufgeworfene Problematik, dass die nationalen Parlamente die der Subsidiarität vorgelagerte Frage der Zuständigkeit der Europäischen Union überprüfen können sollten.[34] Der Europäische Gerichtshof muss sich im Rahmen der Subsidiaritätsklage auf jeden Fall mit der Frage auseinandersetzen, ob eine ausschließliche Zuständigkeit der EU besteht, weil sich in diesem Fall das rechtliche Problem der Subsidiarität nicht stellen würde.[35] Dies verlangt aber nicht zwingend eine komplette Zuständigkeitsprüfung.

Zum Teil wird unter Hinweis auf den Wortlaut des Art. 8 Subsidiaritätsprotokolls nur eine Rüge des Verstoßes gegen das Subsidiaritätsprinzip für zulässig erachtet.[36] Für eine Geltendmachung von Kompetenzüberschreitungen der EU sei die „allgemeine" Nichtigkeitsklage der richtige Rechtsbehelf.[37] Darüber hinaus seien Kompetenzfragen im Gegensatz zu Subsidiaritätsfragen juristisch hoch komplex und daher nicht geeignet, Gegenstand der Subsidiaritätskontrolle eines Parlaments zu sein.[38]

Für eine Einbeziehung der Kompetenz der EU in den Prüfungsumfang der Subsidiaritätsklage spricht aber, dass diese Klage auf eine wirksame Kontrolle und Begrenzung der Handlungen der Unionsorgane zugunsten der Mitgliedstaaten zielt und eine effektive Verfolgung dieser Ziele ohne eine Kompetenzkontrolle kaum möglich ist.[39] Daneben stellt ein unionsrechtliches Handeln ohne Rechtsgrundlage oder Kompetenztitel zugleich auch einen Verstoß gegen das Subsidiaritätsprinzip dar, da in diesen Fällen ebenfalls die Regelungszuständigkeit der Mitgliedstaaten beeinträchtigt wird.[40] Dass Kompetenzfragen im Gegensatz zur Subsidiarität zu komplex seien, erscheint auch wenig überzeugend, da schließlich in beiden Fällen rechtliche Subsumtionen anzustellen sind. Und sofern

---

34 BVerfGE 123, 267, 383 f.
35 *Wohland*, Bundestag, Bundesrat und Landesparlamente im europäischen Integrationsprozess, 2007, S. 207.
36 *Molsberger*, Das Subsidiaritätsprinzip im Prozess der europäischen Konstitutionalisierung, 2009, S. 224; *Altmeier*, in FS für Meyer, Derra (Hrg.), 2006, S. 319.
37 *Molsberger*, Das Subsidiaritätsprinzip im Prozess der europäischen Konstitutionalisierung, 2009, S. 226.
38 *Uerpmann-Wittzack*, EuGRZ 2009, 461, 463.
39 *Frenz*, Jura 2010, 641, 644.
40 *Shirvani*, JZ 2010, 753, 757.

Kompetenzfragen als primär politisches Problem begriffen werden, ist das Parlament in besonderem Maße das geeignete Organ zu ihrer Klärung.

bb)   Klageerhebung durch den Bundesrat

Die Klageerhebung durch den Bundesrat hingegen ist durch Art. 23 Abs. 1a S. 2 GG nicht näher ausgestaltet. Nach § 12 Abs. 2 IntVG ist das Verfahren über die Klageerhebung der Geschäftsordnung des Bundesrates vorbehalten. Mangels abweichender Regelungen gilt bei der Beschlussfassung über die Erhebung der Subsidiaritätsklage das Mehrheitsprinzip, wobei es eine informelle Absprache der Ministerpräsidenten gibt, das Klagebegehren eines Landes regelmäßig zu unterstützen.[41] Zwar wird eine Ausdehnung des Antragsrechts auf eine Minderheit auch für den Bundesrat diskutiert, jedoch fast einhellig abgelehnt:

Zunächst ist das Mehrheitsprinzip für den Bundesrat in Art. 52 Abs. 3 S. 1 GG verankert. Zwar könnte eine Abweichung von diesem Prinzip nach Art. 23 Abs. 1a S. 3 GG vorgenommen werden. In § 12 Abs. 2 IntVG ist dies aber nicht geschehen. Hätte der Gesetzgeber die Befugnis zur Abweichung vom Mehrheitsprinzip auf den Geschäftsordnungsgeber delegieren wollen, so hätte er dies deutlich machen müssen, was er jedoch in § 12 Abs. 2 IntVG nicht getan hat und auch nicht tun wollte.[42] Hinzu kommt, dass die Erwägungen, die das Klagerecht einer Minderheit des Bundestages stützen, nicht auf den Bundestag übertragbar sind. Da die Bundesregierung sich nicht auf eine Mehrheit im Bundesrat stützen muss und auch in der Staatspraxis eine Identität von Bundestags- und Bundesratsmehrheit zunehmend seltener wird, ist ein kollusives Zusammenwirken von Bundesratsmehrheit und Bundesregierung oder eine ungebotene Rücksichtnahme der Bundesratsmehrheit auf die Bundesregierung nicht in dem Maße zu befürchten wie beim Bundestag.[43] Des Weiteren würde bei der Zusammensetzung des Bundesrates die unionsrechtlich vorgegebene Klagebefugnis unzulässigerweise auf eines oder eine Gruppe von Bundesländern erweitert.[44]

---

41   *Kaufmann-Bühler*, in: Lenz/Borchardt, EU-Verträge, Art. 12 EUV Rn. 13 mwN.
42   *Uerpmann-Wittzack*, EuGRZ 2009, 461, 467.
43   *Gas*, DÖV 2010, 313, 318.
44   *Gas*, DÖV 2010, 313, 318.

c)   Sonstige Interventionsmöglichkeiten von Bundestag und Bundesrat

Über Art. 12 IntVG hinaus gibt es noch weitere Wege für Bundestag und Bundesrat, im europäischen Rechtssetzungsverfahren zu intervenieren.

aa)   Notbremsenmechanismus

So kennt § 9 Abs. 1 IntVG den so genannten Notbremsenmechanismus, nach dem der deutsche Vertreter im Europäischen Rat diesen befassen muss, wenn ein Bundestagsbeschluss dies verlangt. § 9 Abs. 2 IntVG lässt selbiges für einen Bundesratsbeschluss gelten, solange nicht die Materie der ausschließlichen Bundeskompetenz unterfiele und auch keine Zustimmung des Bundesrates erforderlich wäre. Der Notbremsenmechanismus gilt jedoch nur in bestimmten Bereichen, nämlich beim Sozialversicherungsrecht im Rahmen der Arbeitnehmerfreizügigkeit, des Strafverfahrensrechts und der Schwerkriminalität. Zurückzuführen ist diese Regelung auf den Notbremsenmechanismus des AEUV, demzufolge die Mitglieder des Rats Rechtssetzungsentwürfe dem Rat vorlegen dürfen, wenn sie der Ansicht sind, dass die als sensibel und genuin hoheitlich empfundenen Grundsätze der sozialen Sicherungssysteme und der Strafrechtsordnung betroffen sind.

Durch die Ratsvorlage wird das Rechtssetzungsverfahren ausgesetzt. Aus § 9 IntVG folgt, dass die Bundesregierung in Gestalt des Vertreters im Rat an Weisungen der gesetzgebenden Organe zur Auslösung des Notbremsenmechanismus gebunden ist. Da § 9 IntVG keine Gesetzesform vorschreibt, kann die Weisung in Form eines einfachen Beschlusses erfolgen.[45] Andererseits verbleibt auch der Bundesregierung die Möglichkeit, ohne Weisung von Bundestag oder Bundesrat den Notbremsenmechanismus auszulösen, wozu diese beiden Organe nach Art. 23 Abs. 3 oder Abs. 5 GG Stellungnahmen abgeben können.[46]

bb)   Nichtigkeitsklage bei ausschließlichen Länderkompetenzen

Nach § 7 Abs. 1 EUZBLG erhebt die Bundesregierung auf Verlangen des Bundesrates Klage zum Europäischen Gerichtshof, sofern ausschließliche Gesetzgebungskompetenzen der Länder berührt sind. Auch diese Einbindung des Bundesrates in das Rechtsschutzsystem vor dem Europäischen Gerichtshof ist unions-

45   *Hahn*, EuZW 2009, 758, 759.
46   *Nettesheim*, NJW 2010, 177, 181.

rechtlich nicht vorgeschrieben. Umfasst sind hiervon nicht nur die Subsidiaritätsklage, die der Bundesrat schließlich selbständig erheben kann, sondern alle Klagemöglichkeiten, die zur Geltendmachung einer Verletzung von ausschließlichen Gesetzgebungsbefugnissen der Länder erhoben werden können. Die Norm stellt daher weniger eine Stärkung des parlamentarischen Organs Bundesrat dar, sondern sichert vielmehr die Wahrnehmung von Interessen der Länder durch die klageberechtigte Bundesrepublik.

III.   Einbindung der nationalen Parlamente in den Raum der Freiheit, der Sicherheit und des Rechts

Neben den allgemeinen Informationsrechten und ihrer Einbindung in die Subsidiaritätskontrolle wirken die nationalen Parlamente gemäß Art. 12 lit. c EUV auch im Rahmen des Raums der Freiheit, der Sicherheit und des Rechts mit. Hier werden die Parlamente insbesondere in die politische Kontrolle von Europol und die Bewertung der Tätigkeit von Eurojust, also der Zusammenarbeit der Staatsanwaltschaften, einbezogen. Im Gegensatz zu Art. 12 lit. b EUV handelt es sich hierbei aber nicht um eine Mitwirkung im Bereich der Rechtsetzung, sondern um eine Beteiligung an Mechanismen zur Bewertung der Durchführung von Unionspolitiken. Eine für eine demokratische Legitimation hinreichende Kontrolle durch die Parlamente und eine ausreichende Beachtung des Subsidiaritätsprinzips sollen und können hierdurch nicht gewährleistet werden.[47]

Freilich sind auch bezüglich von Maßnahmen im Bereich des Raums der Freiheit, der Sicherheit und des Rechts die allgemeinen Informations- und Berichtspflichten zu beachten, soweit der Anwendungsbereich von EUZBBG und EUZBLG eröffnet ist.

IV.   Rolle der mitgliedstaatlichen Parlamente im Bereich der Vertragsänderung

Besondere Legitimationsaspekte hat es dagegen, wenn die nationalen Parlamente nach Art. 12 lit. d EUV an den Vertragsänderungsverfahren nach Art. 48 EUV zu beteiligen sind.

---

47   *Calliess*, ZG 2010, 1, 15; *Kretschmer*, in: Vedder/Heintschel v. Heinegg, EVV, Art. III-273 Rn. 10.

1. Ordentliches Vertragsänderungsverfahren

Die der EU zugrunde liegenden primärrechtlichen Verträge, EUV und AEUV, stellen der Sache nach völkerrechtliche Vereinbarungen zwischen den Mitgliedstaaten dar. Änderungen der Verträge sind von den Mitgliedstaaten gemäß ihren jeweiligen verfassungsrechtlichen Vorgaben zu ratifizieren. In der Bundesrepublik Deutschland müssen die Gesetzgebungsorgane hierzu ein Gesetz erlassen, das nicht nur den formellen Anforderungen des Art. 59 Abs. 2 GG, sondern vor allem auch den materiellen Anforderungen des Art. 23 Abs. 1 S. 2 GG entspricht, da Vertragsänderungsverfahren wie eine Übertragung von Hoheitsrechten zu behandeln sind.[48] Regelmäßig werden bei Vertragsänderungsverfahren sogar Gesetze mit verfassungsändernden Mehrheiten gemäß Art. 23 Abs. 1 S. 3 GG erforderlich sein, da eine Änderung der primärrechtlichen Grundlagen Zuständigkeitsgrenzen verschiebt und damit materiell verfassungsändernd wirkt.[49]

Dieses grundgesetzlich vorgesehene Verfahren der Vertragsänderung ist in Art. 48 Abs. 1-4 EUV als ordentliches Vertragsänderungsverfahren festgelegt. Die nationalen Parlamente werden gemäß Art. 48 Abs. 4 EUV im Rahmen der verfassungsrechtlichen Vorschriften des jeweiligen Mitgliedstaates bei der Ratifikation gemäß Art. 48 Abs. 4 EUV relevant. Im Änderungsverfahren selbst können die nationalen Parlamente aber auch schon im Rahmen der so genannten Konventslösung nach Art. 48 Abs. 3 EUV eine Rolle spielen. Der Rat kann einen Konvent einberufen, wenn Europäisches Parlament oder Kommission Änderungsvorschläge gemacht haben. Dieser Konvent, dem unter anderem auch Vertreter der nationalen Parlamente angehören, erarbeitet im Konsensverfahren eine Empfehlung, die wiederum einer Regierungsvertreterkonferenz vorgelegt wird, die die Vertragsänderungen dann vereinbart. Auf diese Weise können die nationalen Parlamente Einfluss auf den Inhalt von Vertragsänderungen nehmen, wobei dieser in Anbetracht des beschriebenen Verfahrens sehr mittelbar bleibt. Die Letztentscheidenden über Vertragsänderungen bleiben die Mitgliedstaaten in Form der Regierungsvertreterkonferenz.

2. Vereinfachte Vertragsänderungsverfahren

Neben diesem ordentlichen Vertragsänderungsverfahren sehen Art. 48 Abs. 6 und 7 EUV das so genannte vereinfachte Änderungsverfahren vor.

---

48   BVerfGE 89, 155, 199, BVerfGE 123, 267, 387, 434.
49   *Geiger*, in: Geiger/Khan/Kotzur, EUV/AEUV, Art. 48 EUV Rn. 11.

Nach Art. 48 Abs. 6 EUV kann der Europäische Rat in Abweichung vom ordentlichen Vertragsänderungsverfahren nach Anhörung des Europäischen Parlaments und der Kommission sogleich Änderungen des Dritten Teils des AEUV, der sich mit internen Politikbereichen der Union befasst, beschließen, wobei dieser Beschluss nicht zu einer Ausdehnung der Kompetenzen der EU führen darf. Der Beschluss tritt aber wiederum erst nach der Zustimmung durch die Mitgliedstaaten gemäß ihren verfassungsrechtlichen Bestimmungen in Kraft, so dass sich in Bezug auf die Mitwirkung der nationalen Parlamente keine Abweichungen vom ordentlichen Änderungsverfahren ergeben.

a)   Unionsrechtliche Vorgaben an Brückenklauseln

Anders ist dies im Rahmen des vereinfachten Änderungsverfahrens nach Art. 48 Abs. 7 EUV bei Verwendung von so genannten Brückenklauseln oder Passerelle-Klauseln. Das bedeutet, dass durch das Änderungsverfahren nach Art. 48 Abs. 7 EUV für Beschlüsse des Rates, die bisher Einstimmigkeit verlangen, eine qualifizierte Mehrheit vorgesehen werden kann. Ebenso kann der Übergang vom besonderen zum ordentlichen Gesetzgebungsverfahren beschlossen werden. Die Vereinfachung gegenüber dem ordentlichen Vertragsänderungsverfahren besteht bei diesen Brückenklauseln darin, dass kein Ratifizierungsverfahren nach Maßgabe der verfassungsrechtlichen Bestimmungen der Mitgliedstaaten vorgesehen ist. Allerdings sind nach Art. 12 lit. d i.V.m. Art. 48 Abs. 7 UA 3 EUV die nationalen Parlamente mit in das Verfahren einzubeziehen.

Nach Art. 6 des Protokolls über die Rolle der nationalen Parlamente in der EU unterrichtet der europäische Rat die nationalen Parlamente mindestens sechs Monate, bevor er von Art. 48 Abs. 7 EUV Gebrauch macht. Der Europäische Rat, der das zuständige Initiativorgan für Verfahren nach Art. 48 Abs. 7 EUV ist, leitet den Entwurf den nationalen Parlamenten zu. Lehnt auch nur ein nationales Parlament den Vorschlag innerhalb von sechs Monaten ab, so kann der Europäische Rat den Beschluss nicht erlassen. Jedem einzelnen Parlament der Mitgliedstaaten kommt hier insofern ein Ablehnungs- und Vetorecht zu. Hierdurch wird der Verlust mitgliedstaatlicher Einflüsse infolge des fehlenden Ratifizierungserfordernisses kompensiert.[50]

Neben der allgemeinen Brückenklausel kennen EUV und AEUV noch spezielle Regelungen, die einen Übergang vom Einstimmigkeitserfordernis zur qualifizier-

---

50   *Heintschel v. Heinegg*, in: Vedder/Heintschel v. Heinegg, EVV, Art. IV-444 Rn. 3.

ten Mehrheit im Rat vorsehen, wie z.B. Art. 31 Abs. 3 EUV im Verfahren der GASP oder Art. 81 Abs. 3 AEUV im Bereich der justiziellen Zusammenarbeit in Familiensachen. Letztgenannte Vorschrift sieht ähnlich wie Art. 48 Abs. 7 EUV ein Ablehnungsrecht jedes nationalen Parlaments innerhalb von sechs Monaten nach Übermittlung des Vorschlages vor. Andere spezielle Brückenklauseln, wie z.B. der genannte Art. 31 Abs. 3 EUV oder Art. 153 Abs. 2 oder auch 312 Abs. 2 S. 2 AEUV sehen eine Einbeziehung der nationalen Parlamente nicht vor und werden auch nicht vom Verweis des Art. 12 lit. d EUV gedeckt.

b)   Nationalrechtliche Anforderungen an Brückenklauseln in Deutschland

Für Deutschland setzt sich namentlich das IntVG mit den Brückenklauseln und den Verfahren zur Änderung der Verträge auseinander, nachdem das Bundesverfassungsgericht hier einen besonderen Handlungsbedarf zur Sicherstellung der demokratischen Legitimation gesehen hat. Es verlangt im Ergebnis eine sehr viel stärkere parlamentarische Einbindung als das Unionsrecht.

aa)   Vereinfachtes Änderungsverfahren nach Art. 48 Abs. 6 EUV

Bemerkenswert ist, dass § 2 IntVG schon hinsichtlich des vereinfachten Änderungsverfahrens nach Art. 48 Abs. 6 EUV ein Gesetz nach Art. 23 Abs. 1 GG als notwendig für eine wirksame deutsche Zustimmung ansieht. Ob und wann eine verfassungsändernde Mehrheit nach Art. 23 Abs. 1 S. 3 GG erforderlich ist, führt § 2 IntVG allerdings nicht näher aus, sondern überlässt dies der Einzelfallprüfung. Im Regelfall dürfte die Notwendigkeit eines Gesetzes nach Art. 23 Abs. 1 S. 3 GG wegen der materiellen Bedeutung dieser semi-autonomen Vertragsänderungen zu bejahen sein.[51] Da das Zustimmungsgesetz zu einer Vertragsänderung nach Art. 48 Abs. 6 EUV als formelles Gesetz sowieso nur am Grundgesetz zu messen ist, kommt der Norm aber nur deklaratorische Bedeutung zu.[52]

bb)   Weitere besondere Brückenklauseln

Neben dem Art. 48 Abs. 6 EUV kennt das europäische Primärrecht noch einige andere Vorschriften, die dieser nachgebildet sind, wie z.B. die Regelung über

---

51   *Nettesheim*, NJW 2010, 177, 179.
52   *Daiber*, DÖV 2010, 293, 294.

den Beitritt der EU zur EMRK in Art. 218 Abs. 8 UAbs. 2 S. 2 AEUV. Auch hier schreibt § 3 Abs. 1 IntVG, ähnlich wie § 2 IntVG, vor, dass die Zustimmung der Bundesrepublik durch ein Gesetz nach Art. 23 Abs. 1 GG zu erfolgen hat. § 3 Abs. 2 IntVG trifft die gleiche Regelung für dort genannte Bestimmungen des Rates und betrifft Akte, die nicht in der Form eines Beschlusses nach Art. 288 AEUV erlassen werden.[53]

Eine besondere Regelung trifft § 3 Abs. 3 IntVG hinsichtlich des Übergangs zur gemeinsamen Verteidigung der Mitgliedstaaten in Art. 42 Abs. 2 UA 1 EUV. Diese Norm sieht sowohl einen Beschluss des Europäischen Rates auch als eine Zustimmung der Mitgliedstaaten zur gemeinsamen Verteidigung vor, lässt aber nicht erkennen, ob der Beschluss des Europäischen Rates erst nach der Zustimmung der Mitgliedstaaten in Kraft tritt.[54] Der deutsche Gesetzgeber hat auf diese Unsicherheit durch die Ausgestaltung einer doppelten parlamentarischen Mitwirkung reagiert. Nach § 3 Abs. 3 S. 4 IntVG bedarf die Zustimmung der Bundesrepublik Deutschland eines Gesetzes nach Art. 23 Abs. 1 GG, worin die Regelung § 3 Abs. 1 IntVG ähnelt. Zum anderen aber ist der deutsche Vertreter im Europäischen Rat nach § 3 Abs. 1 S. 1 und 3 IntVG gehalten, seine Zustimmung oder Enthaltung nur nach einem entsprechenden Bundestagsbeschluss zu erteilen. Ohne Bundestagsbeschluss muss er den Vorschlag im Europäischen Rat ablehnen. Damit kann der Bundestag den Beschluss einer gemeinsamen Verteidigung gegen den Willen der Bundesregierung verhindern.

§ 4 Abs. 1 IntVG regelt schließlich das innerstaatliche Verfahren hinsichtlich der Brückenklausel des Art. 48 Abs. 7 EUV. Da ein Übergang vom Einstimmigkeitserfordernis zur qualifizierten Mehrheit sowie vom besonderen zum ordentlichen Gesetzgebungsverfahren nur durch einen einstimmigen Beschluss des Europäischen Rates möglich ist, darf der deutsche Vertreter in diesem Gremium nur zustimmen oder sich enthalten, wenn ein Gesetz nach Art. 23 Abs. 1 GG vorliegt. Die Stimmenthaltung bedarf deswegen auch einer gesetzlichen Ermächtigung, weil eine solche nach Art. 235 Abs. 1 UAbs. 3 AEUV dem Zustandekommen eines einstimmigen Europäischen Ratsbeschlusses nicht entgegensteht. Im Gegensatz zum vorherigen Begleitgesetz wird ein Schweigen der gesetzgebenden Organe nicht mehr als Zustimmung gewertet.[55] Ob das Gesetz nach Art. 23 Abs. 1 S. 3 GG einer verfassungsändernden Mehrheit bedarf, wird im IntVG hier

---

53 *Daiber*, DÖV 2010, 293, 295.
54 *Daiber*, DÖV 2010, 293, 295.
55 *Calliess*, ZG 2010, 1, 28.

auch nicht vertieft, dürfte aber angesichts der in der Folge schwindenden Einflussmöglichkeit des Ratsvertreters zu bejahen sein.[56]

§ 4 Abs. 2 IntVG trifft für die Brückenklausel für die justizielle Zusammenarbeit im Familienrecht in Art. 81 Abs. 3 AEUV eine entsprechende Regelung. Zweifel hinsichtlich dieser Norm werden insofern angemeldet, als man aus Art. 81 Abs. 3 AEUV eine Ausweitung der Kompetenz der EU lesen könnte, was der Gesetzgeber offensichtlich nicht getan hat. Sollte man doch eine Kompetenzerweiterung annehmen, wäre hierfür insofern auch ein Gesetz nach Art. 23 Abs. 1 GG notwendig.[57]

Neben der Ermächtigung des deutschen Vertreters im Europäischen Rat hat das IntVG in § 10 auch das parlamentarische Ablehnungsrecht des Art. 48 Abs. 7 EUV näher ausgestaltet.[58] Nach § 10 Abs. 1 Nr. 1 IntVG kann der Bundestag die Ablehnung beschließen, wenn die Initiative des Europäischen Rates im Schwerpunkt ausschließliche Gesetzgebungszuständigkeiten des Bundes betrifft. In allen anderen Fällen können nach § 10 Abs. 1 Nr. 2 IntVG Bundestag oder Bundesrat die Ablehnung beschließen. Bundestag oder Bundesrat können in diesen Fällen unabhängig voneinander eine Ablehnung aussprechen. Somit genügt die Ablehnung nur eines der beiden Organe, um die Initiative des Europäischen Rates zu stoppen. Da das IntVG hier keine Gesetzesform fordert, kann die Ablehnung in Einklang einfach in Beschlussform ergehen.

Angesichts der zweispurigen Einwirkungsmöglichkeit von Bundesrat und Bundestag stellt sich die Frage, ob eine Ablehnung nach § 10 IntVG noch erklärt werden kann, nachdem der deutsche Ratsvertreter nach § 4 IntVG zu einer Zustimmung ermächtigt wurde. Einerseits steht § 10 der Systematik nach hinter § 4 und die Ablehnung durch das Parlament ist im Verfahren des Art. 48 Abs. 7 EUV unabhängig von der Stimmabgabe im Europäischen Rat. Auf der anderen Seite sieht das Verfahren nach Art. 48 Abs. 7 AEUV aber zuerst eine Befassung der nationalen Parlamente und erst abschließend eine Abstimmung im Europäischen Rat vor, so dass Bundestag und Bundesrat sich erst mit der Zustimmungsermächtigung befassen, nachdem sie über die Ablehnung zu entscheiden hatten.[59] Des Weiteren spricht gegen eine Ablehnung nach einer erteilten Zustimmungsermächtigung, dass erstere durch einen einfachen Beschluss erfolgt und

56 *Nettesheim*, NJW 2010, 177, 179.
57 *Daiber*, DÖV 2010, 293, 297.
58 § 10 Abs. 3 IntVG erklärt für die Brückenklausel des Art. 81 Abs. 3 AEUV § 10 Abs. 1 IntVG für entsprechend anwendbar.
59 *Nettesheim*, NJW 2010, 177, 179.

aus rechtsstaatlicher Sicht nicht die in einem Gesetz nach Art. 23 Abs. 1 GG erklärte Zustimmung faktisch aufheben kann.[60] Somit ist die Ansicht vorzugswürdig, dass nach einer erteilten Zustimmungsermächtigung keine Ablehnung nach § 10 IntVG mehr erfolgen darf.

cc)　National angeordnete parlamentarische Mitwirkungspflichten

Neben diesen Brückenklauseln gibt es in EUV und AEUV besondere Brückenklauseln, die keine Mitwirkung der nationalen Parlamente vorsehen. Das Bundesverfassungsgericht hält aber auch in diesen Fällen eine Mitwirkung von Bundesrat und Bundestag für geboten, wenn auch nicht unbedingt in der Form des Art. 23 Abs. 1 GG.[61] Hierauf hat der Gesetzgeber durch die §§ 5 und 6 IntVG reagiert.

Nach §§ 5 Abs. 1 und 6 Abs. 1 IntVG darf der deutsche Vertreter im (Europäischen) Rat bei den jeweils bezeichneten Brückenklauseln nur dann seine Zustimmung erklären oder sich der Stimme enthalten, wenn der Bundestag hierzu einen Beschluss gefasst hat. Eines Gesetzes nach Art. 23 Abs. 1 GG bedarf es hier also nicht. Nach § 5 Abs. 2 und § 6 Abs. 2 i.V.m. § 5 Abs. 2 IntVG bedarf es zusätzlich eines Beschlusses des Bundesrates, wenn nicht lediglich eine ausschließliche Gesetzgebungskompetenz des Bundes betroffen ist oder die Materie eine Zustimmungsbedürftigkeit des Bundesrates auslösen würde. Nicht erforderlich ist hierbei, dass die Mitwirkungstatbestände im Schwerpunkt betroffen sind, vielmehr genügt ein Randbezug zu Materien, die der Gesetzgebungskompetenz der Länder oder der Zustimmungsbedürftigkeit des Bundesrates unterfallen.[62]

Da die Bundesregierung im Gegensatz zum Gesetzgebungsverfahren nach Art. 23 Abs. 1 GG im Beschlussverfahren kein Initiativrecht besitzt, wird ihr dieses durch § 5 Abs. 1 S. 2, 6 Abs. 1 S. 2 IntVG eingeräumt. Somit kann sie auch einen Zustimmungsbeschluss initiieren.

Im Kontext der vereinfachten Vertragsänderung scheint die Frage erörterungswert, auf welche Weise Bundestag und Bundesrat die im IntVG eingeräumten Befugnisse gerichtlich geltend machen können. Soweit sich die Organe im Or-

60　*Daiber*, DÖV 2010, 293, 296.
61　BVerfGE 123, 267, 392.
62　*Hahn*, EuZW 2009, 758, 761.

ganstreitverfahren gemäß § 64 Abs. 1 BVerfGG darauf berufen können, in Rechten aus Art. 23 Abs. 1 GG verletzt zu sein, ist dies unproblematisch.

Schwierigkeiten ergeben sich dort, wo der Gesetzgeber des IntVG – in Nachzeichnung der Auslegung des Art. 23 Abs. 1 GG durch das Bundesverfassungsgericht – auf das Erfordernis eines solchen Gesetzes verzichtet und das Handeln des Regierungsvertreters von einem einfachen Beschluss abhängig gemacht hat wie in § 5 Abs. 2 IntVG. Aus der Lissabon-Entscheidung lässt sich insofern kein geltend zu machendes Recht von Bundestag und Bundesrat entnehmen,[63] so dass es momentan keine befriedigende Lösung dieses Problems zu geben scheint. Eine Verletzung der Unterrichtungsrechte nach dem EUZBBG bzw. EUZBLG hingegen stellt eine Verletzung von Art. 23 Abs. 2 S. 2 GG dar und kann damit unproblematisch geltend gemacht werden.

c)   Mitwirkung der deutschen Gesetzgebungsorgane bei anderen Klauseln

Das IntVG kennt neben den Brückenklauseln noch andere Klauseln der primärrechtlichen Verträge, bei denen zwar nicht das Unionsrecht, aber das Bundesverfassungsgericht eine parlamentarische Mitwirkung als zwingend ansieht.[64] Die Mitwirkung hinsichtlich dieser Klauseln ist im IntVG geregelt.

Nach § 7 Abs. 1 IntVG darf der deutsche Vertreter im Rat einem Beschlussvorschlag hinsichtlich der Kompetenzerweiterungsklauseln auf dem Gebiet des materiellen Strafrechts und der Europäischen Staatsanwaltschaft (Art. 83 Abs. 1 UAbs. 3, 86 Abs. 4 AEUV) nur dann zustimmen oder sich enthalten, wenn hierzu ein Gesetz nach Art. 23 Abs. 1 GG in Kraft getreten ist. § 7 Abs. 2 IntVG weitet dieses Erfordernis auch auf Satzungsänderungen der Europäischen Investitionsbank aus. Das Erfordernis eines Gesetzes nach Art. 23 Abs. 1 GG ist gerade auf dem Gebiet des Strafrechts und der Staatsanwaltschaft stimmig, weil die Kompetenzen der EU durch die bezeichneten Klauseln ausgeweitet werden können.[65] Kritisch wird die fehlende Erfassung von Art. 82 Abs. 2 UAbs 2 lit. d) AEUV gesehen.[66] Von der Regelungstechnik ist die Vorschrift stark an den § 4 Abs. 1 IntVG angelehnt.

63   *Daiber*, DÖV 2010, 293, 299.
64   BVerfGE 123, 267, 436.
65   *Daiber*, DÖV 2010, 293, 297.
66   *Nettesheim*, NJW 2010, 177, 180; *Hahn*, EuZW 2009, 758, 761.

Eine parlamentarische Mitwirkung ist nun auch bezüglich der Flexibilitätsklausel des Art. 352 AEUV geregelt. Nach dieser Bestimmung kann der Rat der EU im Wege des einstimmigen Beschlusses Regelungen über die bestehenden Kompetenzgrenzen der EU hinaus treffen, soweit dies zur Verwirklichung der primärrechtlichen Vertragsziele notwendig ist. Hier drängt sich die Erforderlichkeit eines Zustimmungsgesetzes nach Art. 23 Abs. 1 GG schon wegen des Verbots der Übertragung der Kompetenz-Kompetenz auf die EU auf.[67] Der Gesetzgeber hat in § 8 IntVG die Zustimmung oder Enthaltung des deutschen Ratsvertreters konsequent von einem Gesetz nach Art. 23 Abs. 1 GG abhängig gemacht. Ob eine verfassungsändernde Mehrheit nach Art. 23 Abs. 1 S. 3 GG erforderlich ist, ist hier nicht näher geregelt und der Einzelfallbewertung überlassen.[68]

V.   Beteiligung der mitgliedstaatlichen Parlamente an der Unionserweiterung

Als fünfte Form der Einbindung der nationalen Parlamente in Entscheidungen der Europäischen Union normiert Art. 12 lit. e EUV die Pflicht, die nationalen Parlamente über Anträge auf den Beitritt zur EU nach Art. 49 EUV zu unterrichten. Auch Art. 49 Abs. 1 S. 2 EUV schreibt diese Pflicht zur Unterrichtung der nationalen Parlamente über Beitrittsanträge fest. Darüber hinaus erwähnt das europäische Primärrecht eine Beteiligung der nationalen Parlamente an der Erweiterung der EU nicht ausdrücklich. Art. 49 EUV stellt jedoch klar, dass ein Beitritt eine Anpassung, d. h. Änderung der primärrechtlichen Verträge darstellt, die der Ratifikation der Mitgliedstaaten gemäß ihrer verfassungsrechtlichen Vorschriften bedarf. Somit ist für die Neuaufnahme eines Mitgliedes, die sich mangels anderer Regelungen im ordentlichen Änderungsverfahren vollzieht, nach deutschem Verfassungsrecht ein Gesetz nach Art. 23 Abs. 1 GG i.V.m. Art. 59 Abs. 2 GG erforderlich.

Hinsichtlich der Unterrichtung über einen Beitrittsantrag verweist § 10 Abs. 1 EUZBBG auf den allgemein für alle Vorhaben geltenden § 9 EUZBBG und gewährt dem Bundestag somit zunächst ein Recht auf Stellungnahme. Nach § 10 Abs. 2 S. 1 EUZBBG soll die Bundesregierung vor einem Beschluss im Rat Einvernehmen mit dem Bundestag herstellen, kann nach § 10 Abs. 2 S. 2 EUZBBG aber aus wichtigen außen- oder integrationspolitischen Gründen von der Entscheidung des Bundestages abweichen. Diese Vorschrift ähnelt dem bereits erwähnten § 9 Abs. 4 S. 6 EUZBBG. Im Beratungsstadium hat der Bundestag so-

---

67   BVerfGE 123, 267, 395.
68   *Nettesheim*, NJW 2010, 177, 181.

mit Einfluss-, aber noch keine Verhinderungsmöglichkeiten. Diese kommen ihm jedoch im abschließenden Gesetzgebungsverfahren nach Art. 23 Abs. 1 GG zu.

Der Bundesrat wird im Beratungsstadium nach Anlage Teil VII 2 unterrichtet, sobald der Rat beabsichtigt, einen Beschluss über Aufnahmeverhandlungen zu treffen und soweit Länderinteressen betroffen sein könnten. Der Anhang verweist auf § 5 EUZBLG, wonach der Bundesrat eine Stellungnahme abgibt, die der Vertreter der Bundesregierung im Rat berücksichtigt, soweit Interessen der Länder bei ausschließlicher Bundesgesetzgebungskompetenz berührt sind bzw. konkurrierende Gesetzgebung vorliegt (Abs. 1) und maßgeblich berücksichtigt, wenn im Schwerpunkt ausschließliche Gesetzgebungskompetenzen der Länder betroffen sind oder Länderbehörden oder -verwaltungsverfahren betroffen sind (Abs. 2). Im Ratifikationsverfahren ist der Bundesrat nach der allgemeinen Maßgabe des Art. 23 Abs. 1 S. 2 GG zu beteiligen.

VI.   Interparlamentarische Zusammenarbeit

Art. 12 lit. f EUV sieht schließlich vor, dass die nationalen Parlamente aktiv an der interparlamentarischen Zusammenarbeit untereinander sowie mit dem Europäischen Parlament mitwirken. Diese interparlamentarische Zusammenarbeit lässt sich als Element einer interparlamentarischen Demokratie im engeren Sinne begreifen. Sie ist insbesondere im Protokoll über die Rolle der nationalen Parlamente in der Europäischen Union näher ausgestaltet und vollzieht sich in erster Linie im Rahmen der Konferenz der Europa-Ausschüsse der Parlamente nach Art. 9 dieses Protokolls, genannt COSAC (Conférence des Organes spécialisés en Affaires communitaires).[69]

Die COSAC setzt sich nach Ziffer 4.1 ihrer Geschäftsordnung[70] aus höchstens sechs Mitgliedern des jeweiligen Europaausschusses eines jeden nationalen Parlaments sowie sechs Mitgliedern des Europäischen Parlaments zusammen. Die COSAC dient dem Informations- und Meinungsaustausch zwischen den nationalen Parlamenten und dem Europäischen Parlament und soll die nationalen Parlamente in europapolitischen Angelegenheiten stärken.[71] Andererseits haben die

---

69   *Wohland*, Bundestag, Bundesrat und Landesparlamente im europäischen Integrationsprozess, 2007, S. 111; *Geiger*, in: Geiger/Khan/Kotzur, EUV/AEUV, Art. 12 EUV Rn. 9.
70   ABl. 2008, C 27/6.
71   *Geiger*, in: Geiger/Khan/Kotzur, EUV/AEUV, Art. 12 EUV Rn. 10.

Beiträge der COSAC keinerlei rechtliche Relevanz.[72] Nach Art. 10 S. 1 des Protokolls über die Rolle der nationalen Parlamente in der Europäischen Union kann die COSAC ihre Beiträge lediglich zur Kenntnis der europäischen Organe bringen. Nach Art. 10 S. 4 des Protokolls ist eine Bindung der Beiträge gegenüber den nationalen Parlamenten sogar ausdrücklich ausgeschlossen.

Eine weitere Form der interparlamentarischen Zusammenarbeit ermöglicht Art. 125 der Geschäftsordnung des Europäischen Parlaments.[73] Hiernach kann ein Konvent oder eine Konferenz von Parlamenten einberufen werden, die sich zu zentralen Fragen der EU äußert, wobei die praktischen Erfahrungen mit dieser Einrichtung sehr begrenzt sind.[74]

Zusammenfassend handelt es sich bei der interparlamentarischen Zusammenarbeit nach Art. 12 lit. f EUV primär um eine Form politischer Kooperation ohne rechtliche Wirkungen, deren praktische Bedeutung dadurch keinesfalls in Frage gestellt werden soll.

C.   Legitimation, Konstruktion oder Illusion?

Durch den Vertrag von Lissabon wird die Mitwirkung der nationalen Parlamente im europäischen Rechtssetzungsprozess erstmals primärrechtlich festgeschrieben. Die nationalen Parlamente können den Rechtssetzungsprozess nicht direkt steuern und werden nicht zu Nebengesetzgebern. Sie erhalten jedoch die Möglichkeit, die Verletzung des Subsidiaritätsprinzips sowie wohl eine Kompetenzüberschreitung der EU zu rügen und deswegen Rechtsschutz einzulegen. Sofern es um die Änderung der primärrechtlichen Grundlagen der EU geht, können die nationalen Parlamente den Prozess insofern „aktiv" gestalten, als sie ihn stoppen können. Wie bei jedem Vetorecht ist es diese destruktive Wirkungsmöglichkeit, die letztlich eine konstruktive Einwirkungsmöglichkeit vermittelt.
Insgesamt mag man insbesondere bei theoretischer Betrachtung deshalb davon ausgehen, dass die demokratische Legitimation stärker auch durch die mitgliedstaatlichen Parlamente vermittelt wird und dadurch eine breitere Basis erhält.

---

72   *Kaufmann-Bühler*, in: Lenz/Borchardt, EU-Verträge, Art. 12 EUV Rn. 20; näher *Calliess,* in: Calliess/Ruffert (Hrsg.), EUV/AEUV, 4. Aufl., Art. 12 Rn. 54.
73   ABl. 2005, L 44/1.
74   *Kaufmann-Bühler*, in: Lenz/Borchardt, EU-Verträge, Art. 12 EUV Rn. 23; *Calliess,* in: Calliess/Ruffert (Hrsg.), EUV/AEUV, 4. Aufl., Art. 12 Rn. 58 ff.

Bei näherer Betrachtung und unter Berücksichtigung der praktischen Parlamentsarbeit mögen allerdings Zweifel angebracht sein. Wenngleich jede Form der Legitimation in gewisser Weise nur eine Konstruktion ist, so mag sich der Glaube an eine zusätzliche über die nationalen Parlamente vermittelte Legitimation möglicherweise als Illusion erweisen. Nur eine Beobachtung und eine Überlegung seien insofern zur Diskussion gestellt:

Zunächst sei auf eine gewisse Widersprüchlichkeit in der Konstruktion des Art. 12 EUV hingewiesen. Während der vor die Klammer der einzelnen Erscheinungsformen gezogene Passus expressis verbis davon spricht, dass die nationalen Parlamente „aktiv" zur guten Arbeitsweise der Union beitragen, sind die einzelnen Erscheinungsformen zum Teil doch explizit passiv ausgestaltet. Die „aktive" Beteiligung der nationalen Parlamente erschöpft sich in ihrer „passiven" Unterrichtung. Freilich darf der Gegensatz zwischen aktivem Beitragen und bloßem Informiertwerden nicht überbetont werden, weil selbstverständlich ist, dass die hinreichende Unterrichtung notwendige Voraussetzung eines verantwortungsbewussten Handelns der nationalen Parlamente ist. Gleichwohl ist umgekehrt nicht zu übersehen, dass die nationalen Parlamente nach der Konstruktion des Art. 12 eben auch schon dann „aktiv" zur guten Arbeitsweise der Union beitragen, wenn sie nur passiv Informationen entgegennehmen.

Dies leitet zu der Überlegung über, dass die Konkretisierung der repräsentativen Demokratie durch Aspekte der interparlamentarischen Demokratie in erster Linie eine Konstruktion ist, die zur Illusion einer breiteren und damit besseren demokratischen Legitimation führt. Sieht man einmal von den besonderen Beteiligungsrechten der nationalen Parlamente bei der Entscheidung über Brückenklauseln ab, erschöpfen sich die Mitwirkungsformen im Regelfall der europäischen Rechtsetzung in dem Recht auf Unterrichtung. Der bloße Umstand, dass die nationalen Parlamente informiert sind, genau genommen sogar der bloße Umstand, dass sie nach Art. 12 lit. a EUV informiert sein sollen, kann aber nicht zu einer höheren demokratischen Legitimation der europäischen Rechtsakte führen. Vielmehr wird hier eine Legitimation nur fingiert, ohne dass es einer ausdrücklichen Willenserklärung der nationalen Parlamente bedarf. Dies mag insofern hingenommen werden, als eben auch nur die normalen europäischen Rechtsetzungsakte betroffen sind und deshalb auch überhaupt kein erhöhter Legitimationsbedarf besteht. Doch gerade mit Blick auf die den nationalen Parlamenten zugedachte maßgebliche Rolle bei der Subsidiaritätskontrolle sind Zweifel angebracht, ob sie dieser Aufgabe gerecht werden können. Dabei mag es vielfältige Gründe dafür geben, dass die nationalen Parlamente und namentlich der Bundestag und der Bundesrat von den Möglichkeiten der Subsidiaritätsrüge oder der Subsidiaritätsklage keinen Gebrauch machen. Inhaltliche Überforderung, fehlende Sensibilität oder andere tagesaktuelle Prioritäten mögen hier sehr viel häufiger in Betracht kommen als parteipolitisch motivierter Unwille. Dass die nationalen Parlamente nur ein Akteur unter vielen im Rahmen der Subsidiaritätskontrolle sind, schmälert die Bedeutung einer nicht ausgeübten parlamentarischen Subsidiaritätskontrolle nicht. Denn bei der Subsidiaritätskontrolle geht es mindestens auch, in parlamentarischen Demokratien vielleicht sogar in erster Linie, um die Zuständigkeiten der nationalen Parlamente. Man mag aus einer unterlassenen Subsidiaritätsrüge oder -klage seitens der nationalen Parlamente insofern möglicherweise auf einen Verzicht nationaler Zuständigkeiten schließen, die doch nach der Architektur der Unionsverträge gar nicht zu ihrer Disposition stehen. Doch ob (nationale) Gerichte auf die Klage eines Dritten das Subsidiaritätsprinzip für verletzt erklären, wenn keines der nationalen Parlamente eine Rüge oder Klage erhoben hat, mag bezweifelt werden. Insofern führt die Zuweisung der Subsidiaritätsverantwortung an die nationalen Parlamente möglicherweise zu einer stärkeren Politisierung eines wesentlichen Vertragsgrundsatzes, der an sich doch rechtliche Verbindlichkeit haben soll.

Ähnliche skeptische Betrachtungen ließen sich jedoch für alle Legitimationsformen anstellen. So bleibt die Hoffnung, dass die nationalen Parlamente die ihnen zugewiesenen Befugnisse verantwortungsvoll ausüben, dass sie sich also ihrer Integrationsverantwortung bewusst sind, die sie nicht gegenüber ihrer Regierung, sondern gegenüber den Bürgern haben. Sie, nicht die Parlamente zu stärken, muss das eigentliche Ziel einer interparlamentarischen Demokratie sein.

Gesetzgebung im Zeichen der Vielsprachigkeit

Theodor Schilling

Seit der Gründung der Europäischen Gemeinschaft für Kohle und Stahl im Jahre 1951 mußte sich das, was heute zur EU geworden ist, auf verschiedenen Ebenen mit der Mehrsprachigkeit befassen. Zu regeln waren zum einen die sprachlichen Aspekte der Beziehungen zwischen der EU auf der einen und ihren Mitgliedstaaten und Bürgern auf der anderen Seite. Das lässt sich als die äußere Seite des Sprachenregimes der EU bezeichnen. Im vorliegenden Zusammenhang sind hier namentlich die Vorschriften über die Veröffentlichung von Gesetzgebungsakten von Interesse, von denen der Bürger muß Kenntnis nehmen können. Zu regeln waren zum anderen die sprachlichen Aspekte organinterner Verfahren und dabei namentlich die Frage, wie Gesetzgebungakte in sprachlicher Hinsicht erarbeitet und erlassen werden. Diese innere Seite des Sprachenregimes der EU betrifft die Produktion von Rechtstexten bis zu ihrer abschließenden Veröffentlichung, die wieder zur äußeren Seite gehört. Diese äußere Seite berührt zumindest teilweise Fragen der Rechtsstaatlichkeit, die unter anderem die Veröffentlichung von Rechtstexten als Voraussetzung ihrer Zugänglichkeit fordert[1]. Die innere Seite betrifft demgegenüber vor allem das verwaltungsinterne Verfahren und damit Fragen der good governance. Interinstitutionelle Verfahren stehen zwischen diesen beiden Gruppen.

Für die externe Seite des Sprachenregimes der EU, die die Beziehungen zwischen der EU und ihren Bürgern und Mitgliedstaaten betrifft, ist der Grundsatz der Gleichheit der Sprachen der Mitgliedstaaten wesentlich. Keiner Sprache kommt ein Sonderstatus zu[2]. Diese Gleichheit wird dahin verstanden, dass die meisten Rechtstexte in allen 23 Amtssprachen der EU veröffentlicht werden und dass Gesetzgebungsakte in diesen 23 Sprachen verbindlich sind. Diese Regelung ist unter rechtsvergleichenden Gesichtspunkten durchaus ungewöhnlich[3]. Sie trägt aber offenkundig politischen Interessen der Mitgliedstaaten daran Rechnung, ihre Gleichheit auch in sprachlicher Hinsicht zu betonen. Zudem läßt sie sich mit der – ebenso ungewöhnlichen – Durchgriffswirkung des Unionsrechts erklären, also damit, dass Unionsrecht im Gegensatz zu dem meisten (sonstigen) Völkerrecht für den Bürger unmittelbar Rechte und Pflichten schaffen kann. Um

---

1   Vgl. z.B. EGMR, *Landvreugd/Niederlande*, Nr. 37331/97, §§ 54 ff.
2   *Kohler*, RHDI 62 (2009) 473, 482.
3   Vgl. *Schilling*, German Law Journal 9 (2008) 1219, 1220-1225.

die Interessen der Mitgliedstaaten zu schützen und gleichzeitig der Rechtsstaatlichkeit genüge zu tun, gibt es für die äußere Seite, insbesondere für die Verwendung der Sprachen bei der Veröffentlichung von Gesetzgebungsakten, klare,
verbindliche Rechtsregeln. Sie finden sich namentlich in der allerersten Verordnung des Rates der EWG, die seither bei jedem Beitritt eines neuen Mitgliedstaats angepaßt wurde[4]. Auch die Verbindlichkeit der Sprachfassungen der Verträge selbst sowie des Sekundärrechts[5] ist klar geregelt[6].

Die innere Seite des Sprachenregimes der EU ist – ich möchte sagen naturgemäß
– weniger sichtbar als die äußere. Die einschlägigen Bestimmungen finden sich
nicht in Außenrechtsakten, sondern in den Geschäfts- oder Verfahrensordnungen
der Organe oder ergeben sich auch nur aus deren Praxis. Außerdem spielen hier
praktische, insbesondere Kostenfragen eine wesentlich größere Rolle als bei der
äußeren Seite[7]. Die innere Seite ist demgemäß durch ein Spannungsverhältnis
zwischen dem Grundsatz der Sprachengleichheit und praktischen Erfordernissen
gekennzeichnet. Dabei setzt sich der Grundsatz der Sprachengleichheit regelmäßig nur insoweit durch, wie er von praktischen Erfordernissen gestützt ist.

Demgemäß berücksichtigt das Sprachenregime der EU den Grundsatz der Sprachengleichheit umso mehr, je mehr gewählte oder ernannte Politiker – im Ge-

---

4 Art. 1 Abs. 1 der Verordnung Nr. 1 (1958) des Rates zur Regelung der Sprachenfrage für
   die Europäische Wirtschaftsgemeinschaft, ABl. EWG Nr. 17 vom 6.10.1958, S. 385, erlassen auf der Grundlage von Art. 217 EWGV, heute Art. 342 des Vertrages über die Arbeitsweise der Europäischen Union (AEUV), ABl. EU 2010 Nr. C 83, S. 1.

5 Vgl. für die Gründungsverträge Art. 55 des Vertrages über die Europäische Union (EUV)
   und Art. 358 AEUV, für Sekundärrecht z.B. EuGH, Rs. 283/81, CILFIT, Slg. 1982, 3415,
   Rdn. 18.

6 Mit Einschränkungen gilt dies auch für die Rechtsprechung. Die meisten Entscheidungen
   des EuGH und des EuG werden letztlich in allen Amtssprachen veröffentlicht; vgl. Art.
   24 der Dienstanweisung für den Kanzler [des EuGH] vom 4.12.1974, ABl. EG, Nr. L
   350, S. 33, mit späteren Änderungen. Nach Art. 18 Abs. 4 der Dienstanweisung für den
   Kanzler des Gerichts vom 5. Juli 2007, ABl. EG 2007, Nr. L 249, S. 3, geändert am 17.
   Mai 2010, ABl. EU 2010, L 170, S. 53, „sorgt [der Kanzler] für die Bekanntmachung der
   Rechtsprechung des Gerichts nach den von diesem beschlossenen Modalitäten".

7 Wie der Rat ausdrücklich anerkennt, „sind der Vielsprachigkeit im Europäischen Rat und
   im Rat aus praktischen Gründen seit jeher Grenzen gesetzt": Anwendung der Sprachenregelung im Europäischen Rat und im Rat, verfügbar unter http://www.consilium.europa.
   eu/showpage.aspx?id=1255@lang=de. – Solche praktische Erwägungen sind vollkom-
   men legitim. Da die interne Seite des Sprachenregimes weniger vom Recht als von Erfordernissen der good governance bestimmt ist, lässt sich keine Rechtsnorm benennen, an
   der die interne Praxis der Organe zu messen wäre. M.a.W.: Die Dichotomie rechtmäßig/
   rechtswidrig findet auf die innere Seite des Sprachenregimes der EU keine Anwendung.
   Vielmehr sollte diese Praxis nach Möglichkeit bestimmte Desiderate berücksichtigen, die
   Aspekten der good governance entsprechen.

gensatz zu Beamten oder Sachverständigen – an einem Verfahren beteiligt sind. Hier zeigt sich der Einfluß praktischer Erfordernisse besonders deutlich: Von EU-Beamten wird erwartet, dass sie neben ihrer Muttersprache noch zwei weitere Sprachen beherrschen, und auch Sachverständige sprechen in der Regel wenigstens eine Fremdsprache[8]. Nationale Politiker hingegen, die an den Beratungen des Rates teilnehmen, und Abgeordnete des EP werden nicht nach ihren Sprachkenntnissen gewählt oder ernannt[9].

Bei meinem heutigen Thema – Gesetzgebung im Zeichen der Vielsprachigkeit – geht es im Wesentlichen um die innere Seite des Sprachenregimes der EU, soweit dieses das Gesetzgebungsverfahren betrifft. Bevor ich diese innere Seite darstelle, möchte ich ein paar Worte zum Ablauf des Gesetzgebungsverfahrens sagen, wobei ich nur auf das sog. ordentliche Gesetzgebungsverfahren des Art. 294 AEUV vor dem Europäischen Parlament und dem Rat eingehen will. Dieses ordentliche Gesetzgebungsverfahren nimmt – wie die meisten Gesetzgebungsverfahren der EU – bei den Dienststellen der Kommission seinen förmlichen Ausgang[10]. Diese entwerfen, regelmäßig nach entsprechenden politischen Vorgaben, Gesetzgebungsvorschläge und entwickeln sie bis zur Verabschiedungsreife. Werden diese Vorschläge vom Kollegium der Kommission gebilligt, so verabschiedet es sie und übermittelt sie dem Parlament und dem Rat. Diese beiden im ordentlichen Gesetzgebungsverfahren gleichberechtigten Gesetzgebungsorgane der EU können den Vorschlag der Kommission ändern, wobei die Einzelheiten des Verfahrens hier nicht interessieren. Der Gesetzgebungsakt kommt zustande, wenn sich das Europäische Parlament und der Rat auf eine Fassung einigen.

Ich komme nun zur sprachlichen Seite dieses Verfahrens. Von den Dienststellen der Kommission werden Rechtstexte regelmäßig auf Englisch oder Französisch abgefasst. Von diesen beiden Sprachen kommt diejenige zum Zuge, die die Arbeitssprache der mit der Erstellung des Textes betrauten Verwaltungseinheit ist[11]. Diese Sprache findet bis zur Fertigstellung des Textes Anwendung. Soll der Gesetzgebungsvorschlag vom Kollegium der Kommission verabschiedet werden,

---

8   Ibid.
9   Auffällige Ausnahme ist der EuGH, der die Mitgliedstaaten dazu drängt, nur Richter zu ernennen, die über hinreichende Französischkenntnisse verfügen, um in seiner Arbeitssprache kommunizieren zu können. Da die Kenntnis des Französischen als Fremdsprache generell zurückgeht, wird dadurch der Kreis möglicher Bewerber merklich verkleinert; potentiell wird der Bewerber mit den stärksten juristischen Qualifikationen disqualifiziert.
10 Art. 17 Abs. 2 EUV.
11 Vgl. *Robinson*, Clarity 53 (Mai 2005) 4.

erfolgt also der Übergang zur interinstitutionellen Seite, so wird er einem einschlägigen Vermerk in allen Amtssprachen der EU beigefügt[12], in die er zwangsläufig zuvor übersetzt worden ist[13]. Ein Gesetzgebungsvorschlag der Kommission wird also zwar in nur einer Sprache erstellt, aber in 23 Amtssprachen an das Europäische Parlament und den Rat übermittelt. Dem offiziellen Vorschlag ist nicht zu entnehmen, in welche Sprache er erarbeitet worden ist; insbesondere sind die einzelnen Fassungen nicht mit „OR[iginal]" bzw. „TR[adcution/nslation]" gekennzeichnet. Gleichwohl bleibt diese Sprache dem institutionellen Gedächtnis verhaftet; ihr wird ganz am Ende des Gesetzgebungsverfahrens erneut Bedeutung zukommen[14].

Die Übermittlung des Gesetzgebungsvorschlags an Rat und Parlament in allen 23 Amtssprachen entspricht Anforderungen des Europäischen Parlaments, das sich im ordentlichen Gesetzgebungsverfahren ebenso wie in allen anderen Verfahren im interinstitutionellen Kontext mit Rechtstexten nur befaßt, wenn diese in allen Amtssprachen vorliegen[15]. Diese Anforderungen des Europäischen Parlaments sind jedoch nicht auf den interinstitutionellen Kontext beschränkt. Auch intrainstitutionell, also organintern, soll über Änderungsvorschläge von Ausschüssen im Plenum des Parlaments erst abgestimmt werden, wenn sie in allen Amtssprachen vorliegen[16]. Geht man einen Schritt zurück, so können im Ausschußstadium dem Ausschuß Änderungsvorschläge von seinen Mitgliedern in einer beliebigen Amtssprache vorgelegt werden[17]. Diese Vorschläge werden anschließend in die anderen Amtssprachen übersetzt[18]. Ähnlich beruhen die Bera-

---

12 Art. 17 Abs. 5 der Geschäftsordnung der Kommission, abgedruckt im Anhang zum Beschluß der Kommission vom 24.2.2010 zur Änderung ihrer Geschäftsordnung, ABl. EU Nr. L 55 vom 5.3.2010, S. 60.

13 Art. 17 Abs. 1, 2, 3 der Geschäftsordnung der Kommission.

14 Vgl. Text bei Fn. 36.

15 Vgl. für Standpunkte des Rates Art. 61 Abs. 1 der Geschäftsordnung des Europäischen Parlaments, 7. Wahlperiode – November 2010, verfügbar unter http://www.europarl. europa.eu/sides/getLastRules.do?language=DE&reference=TOC. Für von der Kommission beabsichtigte Durchführungsmaßnahmen, die unter das „Regelungsverfahren mit Kontrolle" fallen, vgl. Art. 88 Abs. 4 lit. a.

16 Art. 156 Abs. 6 der Geschäftsordnung des Europäischen Parlaments. Abweichend hiervon scheint sich die Praxis regelmäßig mit der englischen oder der französischen Version zu begnügen.

17 Vgl. Art. 195 Abs. 1 der Geschäftsordnung des Europäischen Parlaments.

18 Zur Vielsprachigkeit vor dem Europäischen Parlament vgl. auch auch Art. 23 Abs. 9, Art. 29, 42 Abs. 3, Art. 113 Abs. 5, Art. 123 Abs. 1, Art. 142 Abs. 2, Art. 181, 185 Abs. 7, Art. 201 Abs. 5 and insbesondere Art. 146 der Geschäftsordnung des Europäischen Parlaments. – Da in diesen Verfahren die Mitglieder des Europäischen Parlaments die handelnden Personen sind, war diese Achtung der Gleichheit der Sprachen der Mitgliedstaaten auf der inneren Seite des Sprachenregimes zu erwarten. Vgl. Text bei Fn. 9.

tungen des Rates auf Unterlagen, die in allen Amtssprachen vorliegen[19], auch wenn die Vertreter der Mitgliedstaaten jeder in seiner eigenen Sprache verhandeln[20]. Demgemäß werden Unterlagen, die die Mitgliedstaaten in ihrer eigenen Sprache vorlegen, im Rat in die anderen Amtssprachen übersetzt[21]. Der Text, auf den sich Parlament und Rat am Ende einigen, liegt demgemäß in 23 Amtssprachen vor. Der Übergang zur äußeren Seite des Sprachenregimes, also die Veröffentlichung des Gesetzgebungsaktes, wirft demnach, so will es zumindest scheinen, keine weiteren Fragen auf: Auf der äußeren Seite werden alle Gesetzgebungsakte von Parlament und Rat selbstverständlich in allen 23 Amtssprachen veröffentlicht.

Dass die Vielsprachigkeit der Gesetzgebung problematisch ist, liegt auf der Hand. Zu den offensichtlichen Problemen gehört nicht nur die erhebliche Gefahr von Widersprüchen zwischen den verschiedenen Sprachfassungen. Selbst dann, wenn keine klaren Widersprüche vorliegen, sind Bedeutungsunterschiede zwischen den Sprachfassungen unvermeidlich, was ebenso unvermeidlich eine gewisse Unbestimmtheit der in 23 Sprachen verbindlichen Normen zur Folge hat. Andererseits kann die Übersetzung, die sich bei 23 Amtssprachen als der einzig praktikable Weg zur Vielsprachigkeit erweist, auch dazu beitragen, die Bedeutung eines Gesetzes während des Gesetzgebungsverfahrens zu klären. Es soll deshalb untersucht werden, ob das Gesetzgebungsverfahren der EU dafür optimiert ist, einerseits Widersprüche zwischen den Sprachfassungen zu vermeiden und Bedeutungsunterschiede zwischen ihnen zu minimieren und andererseits zur Klärung der Bedeutung von Gesetzgebungsakten der EU beizutragen.

19 Vgl. Geschäftsordnung des Rates (abgedruckt im Anhang zur Verordnung des Rates vom 1.12.2009 zur Änderung seiner Geschäftsordnung, ABl. EU Nr. L 325 vom 11.12.2009, S. 35), Anhang IV („Gemäß Artikel 16"), Abs. 1 lit. h, Fn. 1: „Der Rat bestätigt, dass die derzeitige Praxis, wonach die Texte, auf die sich seine Beratungen stützen, in allen Sprachen erstellt werden, weiterhin Anwendung findet."

20 Die Geschäftsordnung des Rates ist bezüglich der Verwendung der Sprachen nicht besonders klar; Art 14 verweist nur auf eine nicht näher spezifizierte „geltende Sprachenregelung", womit vermutlich die Verordnung Nr. 1 (1958) gemeint ist. Jedoch folgt im Umkehrschluß aus den Schlußfolgerungen des Rates vom 13.6.2005 über den amtlichen Gebrauch zusätzlicher Sprachen im Rat und gegebenenfalls in anderen Organen und Einrichtungen der Europäischen Union, ABl. EU 2005, Nr. C 148 vom 18.6.2005, S. 1, Abs. 5 lit. b, dass mündliche Beiträge auf einer Tagung des Rates, die in einer beliebigen Amtssprache der Europäischen Union abgegeben werden, in die anderen Amtssprachen gedolmetscht werden. Vgl. auch Anwendung (Fn. 7).

21 Da in diesen Verfahren die Vertreter der Mitgliedstaaten im Rat die handelnden Personen sind, war diese Achtung der Gleichheit der Sprachen der Mitgliedstaaten auf der inneren Seite des Sprachenregimes zu erwarten. Vgl. Text bei Fn. 9. „Was die internen Kommunikationen in den Organen anbelangt, ... so werden [allerdings] diejenigen Sprachen verwendet, deren Kenntnis am weitesten verbreitet ist": Anwendung (Fn. 7).

Lassen Sie mich zunächst auf die klärende Wirkung von Übersetzungen eingehen. Dass Übersetzungen diese Wirkung haben können, beruht auf zwei Umständen. Zum einen zwingt das Übersetzen den Übersetzer dazu, den ursprünglichen Gedanken des Autors neu zu denken, so dass er in die andere Denkungs-
weise paßt, die die Zielsprache erfordert. Das ermöglicht es, stillschweigende
Annahmen des Originals zu erkennen. Der zweite Umstand ist schlicht, dass der
Übersetzer der genaueste Leser des zu übersetzenden Texts ist. Damit ist er am
besten in der Lage, mögliche Mehrdeutigkeiten eines Textes zu erkennen. Auf
beides, auf die stillschweigenden Annahmen des Ausgangstextes wie auf dessen
allfällige Mehrdeutigkeiten, kann der Übersetzer den Autor hinweisen. Natürlich
bleibt es Sache des Autors, ob er auf Hinweise des Übersetzers reagieren, ob er
also stillschweigende Annahmen explizit machen, Mehrdeutigkeiten beseitigen
und damit den Text klarer machen will. Seine Bereitschaft dazu wird je nach
persönlichem Naturell des Autors wie des Übersetzers unterschiedlich sein und
von vielen Umständen abhängen. Mit einiger Sicherheit aber wird sich sagen lassen, dass zu diesen Umständen gehören wird, wieviel Zeit seit der Erstellung des
Textes verstrichen ist und ob dieser noch beim Autor liegt oder bereits weiterge-
leitet oder verteilt worden ist.

Diese Überlegungen sind nun auf das Gesetzgebungsverfahren der EU anzuwenden. Wie gesagt, wird ein Gesetzgebungsvorschlag der Kommission von deren
Dienststellen in nur einer Sprache entworfen und finalisiert und erst dann übersetzt, wenn er dem Kollegium der Kommission vorgelegt und danach gegebenenfalls den Gesetzgebungsorganen übermittelt wird. Im Bereich der Kommission erfolgt die Übersetzung also erst nach der Fertigstellung des Entwurfs des
Gesetzgebungsvorschlags. Das muß die klärende Wirkung der Übersetzung unter
beiden angesprochenen Aspekten minimieren.

Anders verhält es sich im Stadium der eigentlichen Gesetzgebung durch Parlament und Rat. Zwar spiegelt dieses Stadium das Kommissionsverfahren insofern
wider, als Änderungsvorschläge der Abgeordneten bzw. der Vertreter der Mitgliedstaaten zunächst in nur einer Sprache verfaßt werden, wie das eben auch bei
Gesetzgebungsvorschlägen der Kommission der Fall ist. Im Gegensatz zum Stadium vor der Kommission erfolgt die Übersetzung der Änderungsvorschläge in
die anderen Amtssprachen jedoch unverzüglich, spätestens aber gleichzeitig mit
ihrer Einbringung in das weitere Gesetzgebungsverfahren. Unter beiden angesprochenen Aspekten – Hinweis auf stillschweigende Annahmen und auf Mehrdeutigkeiten – erlaubt dieses Verfahren vor Parlament und Rat eher eine klärende
Wirkung der Übersetzung als das Verfahren vor der Kommission. Diese Wirkung kann unmittelbar freilich nur die vorgeschlagenen Änderungen erfassen,
nicht aber den Basistext. Sie wird daher regelmäßig marginal bleiben.

Auch im Übrigen ist das Gesetzgebungsverfahren insbesondere vor dem Europäischen Parlament nicht auf eine sprachliche Feinabstimmung der exakten Formulierung eines Gesetzgebungsakts in den verschiedenen Sprachfassungen ausgerichtet. Es wird im Allgemeinen schwierig sein, Abgeordnete anderer Muttersprache für die feineren Nuancen einer bestimmten Sprachfassung zu interessieren. Im Gegensatz zu dem, was eine solche Feinabstimmung erfordern würde, schreibt zudem Art. 157 Abs. 1 lit. d der Geschäftsordnung des Europäischen Parlaments vor, dass ein Änderungsantrag unzulässig ist, „wenn sich erweist, dass die Fassung des Textes, auf die sich der Änderungsantrag bezieht, mindestens in einer Amtssprache keine Änderung bedingt. In diesem Fall bemüht sich der Präsident mit den Beteiligten um eine geeignete sprachliche Lösung"[22].

Dieses Desinteresse des Europäischen Parlaments am exakten Wortlaut bestimmter Sprachfassungen kann leicht zum Missbrauch linguistischer Argumente führen. Ein Beispiel aus einem quasiparlamentarischen Kontext mag dies verdeutlichen. In den Debatten des Konvents über die Europäische Grundrechtecharta ging es auch um die Frage, ob in der Präambel auf die religiösen Grundlagen Europas Bezug genommen werden sollte. Der Konvent entschied sich dagegen und stattdessen für eine Bezugnahme auf das „spirituelle" Erbe Europas, wie es im Englischen und Französischen heißt. Die deutsche Seite war mit diesem Ergebnis nicht zufrieden. Wegen angeblicher Übersetzungsprobleme wurde deshalb für die deutsche Fassung die Wendung „geistig-religiös" gewählt[23]. Die deutsche Fassung der Präambel ist damt die einzige, die einen offenen Bezug auf die Religion enthält (Abs. 2 der Präambel). Die Beteiligten anderer Muttersprache nahmen diese offenbare, bewußt geschaffene Diskrepanz zwischen den Sprachfassungen vermutlich in dem Bewußtsein hin, dass auf *eine* abweichende Fassung später sowieso nichts ankommen wird.

Ich komme dann zu der Frage, ob das Gesetzgebungsverfahren der EU für die Vermeidung von Widersprüchen bzw. für die Minimierung von Bedeutungsunterschieden optimiert ist. Offenkundig ist ein fundamentaler Aspekt jeder Rechtsordnung das Bemühen, widersprüchliche Gesetze zu vermeiden. Dieses Ziel ist im vielsprachigen EU-System, in dem jedes einzelne Gesetz in 23 unter-

---

22 Um die „geeignete sprachliche Lösung" bemühen sich anscheinend die Rechts- und Sprachsachverständigen des Europäischen Parlaments (zu ihnen vgl. Fn. 28) unter der Verantwortung des Präsidenten; vgl. Art. 180 Abs. 2 der Geschäftsordnung des Europäischen Parlaments.

23 Zu den einschlägigen Debatten des Konvents vgl. *Triebel*, 'Religion und Religionsgemeinschaften im künftigen Europäischen Verfassungsvertrag. Die Debatten des Europäischen Konvents', verfügbar unter www.nomokanon.de/abhandlungen/014.htm, Abs. 78-88.

schiedlichen Fassungen auftritt, besonders schwierig zu erreichen. Da das Problem von möglichen Widersprüchen zwischen den verschiedenen Sprachfassungen natürlich wohlbekannt ist[24], läßt sich erwarten, dass die EU hierfür Vorsorge getroffen hat. Soweit wir das Gesetzgebungsverfahren der EU bisher erörtert haben, vom ersten Entwurf der Dienststellen der Kommission[25] bis zur Abstimmung in Parlament und Rat, ist hiervon allerdings nichts zu erkennen. In den meisten parlamentarischen Regierungssystemen, in denen nach der Abstimmung der gesetzgebenden Körperschaft(en) nur noch die Verkündung des Gesetzes durch das Staatsoberhaupt und seine Veröffentlichung im Gesetzblatt erfolgt, hätte es damit sein Bewenden. Im Falle der EU hingegen wäre es geradezu verantwortungslos, es dabei bewenden zu lassen. Angesichts von 23 gleichermaßen verbindlichen Sprachen ist hier zur Vermeidung von Widersprüchen bzw. zur Minimierung von Bedeutungsunterschieden zwischen diesen Sprachfassungen eine abschließende Kontrolle der Übereinstimmung der 23 Sprachfassungen zwingend geboten[26].

In der Tat gibt es in der EU eine solche Kontrolle. Auch ohne ausdrückliche Regelung in einem verbindlichen Text[27] haben die Gesetzgebungsorgane Parlament und Rat Regelungen über die Überarbeitung bereits beschlossener Gesetzgebungsakte durch Beamte getroffen, deren spezifische Aufgabe eben diese Überarbeitung ist. Dabei arbeiten diese Rechts- und Sprachsachverständigen des Par-

---

24 Vgl. die Auslegung (gemäß Artikel 211) von Art. 146 der Geschäftsordnung des Europäischen Parlaments: "Zeigt sich nach der Verkündung des Abstimmungsergebnisses, dass der Wortlaut in den verschiedenen Sprachfassungen nicht übereinstimmt, so entscheidet der Präsident über die Gültigkeit des bekannt gegebenen Abstimmungsergebnisses aufgrund von Artikel 171 Absatz 5. Wenn er dieses Ergebnis für gültig erklärt, entscheidet er, welche Fassung als angenommen zu betrachten ist. Es kann jedoch nicht grundsätzlich von der Originalfassung als offiziellem Wortlaut ausgegangen werden, da alle anderen Fassungen vom Originaltext abweichen können."

25 Im Grunde sollen die Rechts- und Sprachsachverständigen der Kommission auch bei Gesetzgebungsvorschlägen tätig werden, die die Kommission dem Europäischen Parlament und dem Rat unterbreitet. Sie halten es jedoch regelmäßig für wichtiger, sich auf die Rechtssetzung der Kommission selbst zu konzentrieren, bei der es bereits um die endgültige Fassung geht. Vgl. *Dragone*, in: Pozzo/Jacometti (Hrsg.), Multilingualism and the Harmonisation of European Law, 2006, S. 99, 101.

26 Diese abschließende Kontrolle ist bei einem System starker Vielsprachigkeit, wie es die EU derzeit kennt, unverzichtbar. Sie wäre auch bei einem System schwacher Vielsprachigkeit (dazu vgl. Text vor Fn. 40) angebracht.

27 Die Grundlage dieses Verfahrens scheint die Gemeinsame Erklärung zu den praktischen Modalitäten des neuen Mitentscheidungsverfahrens, ABl. EU 2007, Nr. C 145, S. 5, zu sein. Vgl. auch Art. 22 der Geschäftsordnung des Rates: „[D]er Juristische Dienst [hat] die Aufgabe, ... rechtzeitig die redaktionelle Qualität der Vorschläge und Entwürfe von Rechtsakten zu überprüfen".

laments bzw. des Rates[28] eng zusammen und gehen im gegenseitigen Einvernehmen vor[29].

Diese Überarbeitung ist freilich ihrerseits nicht unproblematisch. In einer Demokratie ist es unannehmbar, nicht gewählte Sachverständige einen Text überarbeiten zu lassen, über den die gesetzgebenden Körperschaften bereits abgestimmt haben[30]. Für dieses Dilemma – Notwendigkeit der Überarbeitung von Texten, die aus demokratietheoretischen Erwägungen bereits feststehen, also nicht mehr überarbeitet werden dürfen – gibt es nur eine Lösung, die für gesetzgebende Körperschaften freilich lästig sein kann: Diese Körperschaften müssen zweimal, vor und nach der Überarbeitung des Gesetzgebungsakts durch die Sachverständigen, über diesen abstimmen. Zumindest aber müssen sie die Möglichkeit haben, von der überarbeiteten Fassung mit der Möglichkeit einer weiteren Abstimmung Kenntnis zu nehmen[31].

Beide Varianten finden sich in der Gesetzgebungspraxis der EU. So unterscheidet der Juristische Dienst des Rates zwischen zwei Formen der Entscheidung des Rates: der Annahme eines Texts oder eines Standpunkts nach dessen Finalisierung durch die Sachverständigen, und der politischen Einigung, mit der ein Text vorbehaltlich dieser Finalisierung endgültig angenommen wird[32]. Man darf

---

28 Die Direktion „Qualität der Rechtssetzung" des Rates umfasst 70 Sachverständige, drei für jede Amtssprache, vgl. *Piris*, 'The Council Legal Service', verfügbar unter www. europeanlawyer.co.uk/yb_europeancouncillegalservice.html. Die entsprechende Einheit des Europäischen Parlaments scheint vier Sachverständige pro Amtssprache zu umfassen.

29 § 40 der Gemeinsamen Erklärung (Fn. 27); Art. 180 Abs. 2 S. 2 der Geschäftsordnung des Europäischen Parlaments.

30 Demgemäß heißt es in § 41 der Gemeinsamen Erklärung: „Änderungen eines vereinbarten Textes dürfen nicht ohne die ausdrückliche Zustimmung des Europäischen Parlaments und des Rates auf der geeigneten Ebene vorgenommen werden."

31 Die Anforderungen des EuGH sind geringer. Im Anschluß an die Schlußanträge seines Generalanwalts hat er ausgeführt, es sei nicht ersichtlich, dass gewisse Änderungen „die Grenzen für die Harmonisierung der verschiedenen Sprachfassungen eines Rechtsakts der Gemeinschaft überschritten hätten" (EuGH, Rs. C-380/03, Bundesrepublik Deutschland/ Europäisches Parlament und Rat der Europäischen Union, Slg. 2006, I-11537, Rdn. 127). Jedoch äußern sich weder der Generalanwalt noch der EuGH näher zu diesen Grenzen. Bemerkenswert ist, dass dieses Urteil vor der Einführung des im Text beschriebenen Verfahrens erging, in dem sich das Europäische Parlament mit den Ergebnissen der Finalisierung von Gesetzgebungsakten durch die Rechts- und Sprachsachverständigen befassen kann.

32 Vgl. House of Lords, Select Committee on European Union, Twenty-Third Report, Part 3: Summary of Correspondance, Rdn. 28, verfügbar unter http://www.publications. parliament.uk/pa/ld200102/ldselect/ldeucom/135/3504.htm: "categories of decision or outcome at a Council: – terms referring to a decision adopting a text finalised by the Legal/Linguistic experts: 'adoption' or 'common position' (for co-decision procedures); –

annehmen, dass die endgültige Annahme des Texts oder eines Standpunkts durch den Rat regelmäßig im sog. A-Verfahren erfolgt, in dem der Rat unstreitige Entscheidungen ohne weitere Diskussion einfach abnickt. Die Lästigkeit des Verfahrens hält sich demnach in engen Grenzen.

Das Europäische Parlament hat sich für die andere Variante entschieden. Nach Art. 180 Abs. 2 seiner Geschäftsordnung werden die vom Parlament angenommenen Texte unter der Verantwortung des Präsidenten einer juristisch-sprachlichen Überarbeitung unterzogen. Bevor ein Gesetzestext also im Amtsblatt veröffentlicht wird[33], wird er von den Sachverständigen editiert. Erst danach werden alle Sprachfassungen als endgültig angesehen. Zwar stimmt das EP generell anders als der Rat nicht mehr über die endgültige Fassung ab. Jedoch sieht die Geschäftsordnung den Fall vor, dass „zur Gewährleistung der Kohärenz und Qualität des Textes im Einklang mit dem vom Parlament zum Ausdruck gebrachten Willen Anpassungen vorgenommen werden müssen"[34]. Ist dieser Fall – wie wohl regelmäßig – gegeben, so übermittelt der Präsident des Europäischen Parlaments dem zuständigen Ausschuß den Entwurf einer Berichtigung. Der Ausschuß prüft den Entwurf und unterbreitet ihn dem Parlament, wo die Berichtigung als angenommen gilt, wenn nicht beantragt wird, sie zur Abstimmung zu stellen[35]. Auch hier hält sich also die Lästigkeit des Verfahrens in Grenzen.

Die Rechts- und Sprachsachverständigen greifen nach der „politischen Einigung" über den Text im Rat und nach der endgültigen Abstimmung im EP ein. Sie intervenieren also im letztmöglichen Zeitpunkt des Gesetzgebungsverfahrens und damit in einem Zeitpunkt, in dem ohne die Besonderheiten des vielsprachigen Systems bereits ein endgültiger Text vorläge. Das bedeutet, dass die Sachverständigen die verschiedenen Sprachfassungen des Textes nicht mehr nach ihrem Gutdünken umgestalten können. Ganz im Gegenteil scheinen sie darauf beschränkt zu sein, die verschiedenen Sprachfassungen mit der jeweiligen „Referenzfassung"[36] abzugleichen, die im allgemeinen der englische oder der französische Text sein wird, also der Text in jener Sprache, in der der jeweilige Gesetzgebungsvorschlag der Kommission erarbeitet wurde[37]. Während Änderungen der anderen Sprachfassungen häufig zu sein scheinen[38], bleibt die Referenzfassung

---

terms referring to a decision adopting a definitif position on a text, subject to finalisation of that text by the Legal/Linguistic experts: 'political agreement'".

33   Vgl. Art. 180 Abs. 1, 2 der Geschäftsordnung des Europäischen Parlaments.
34   Art. 180 Abs. 2 der Geschäftsordnung des Europäischen Parlaments.
35   Art. 180 Abs. 3 iVm Art. 216 der Geschäftsordnung des Europäischen Parlaments.
36   Vgl. Generalanwalt Léger, Schlußanträge in EuGH, Rs. C-380/03 (Fn. 31), Nr. 193.
37   Vgl. Text bei Fn. 11 ff.
38   In EuGH, Rs. C-380/03, ibid, wurden acht der damals elf Sprachfassungen geändert; vgl.

offenbar unverändert[39]. Alles, was einer klärenden Wirkung der Übersetzung entspräche, ist in diesem Stadium also ausgeschlossen; dafür ist es zu spät. Die Sachverständigen sind ausschließlich darauf beschränkt, Widersprüche zwischen den Sprachfassungen auszuräumen und Bedeutungsunterschiede zwischen ihnen zu minimieren.

Es bleibt, dieses System zu bewerten. Akzeptiert man die politischen Vorgaben, also die gleiche Verbindlichkeit von 23 Sprachfassungen, so wird man sagen müssen, dass die EU-Organe mittlerweile das Bestmögliche aus diesen Vorgaben gemacht haben. Zwar könnte die klärende Wirkung von Übersetzungen stärker genutzt werden. Das gilt namentlich für die Erstellung des jeweiligen Basistexts durch die Dienststellen der Kommission. Zu diesem Zweck müßten bereits während der Erarbeitung des Gesetzgebungsvorschlags der Kommission regelmäßig Übersetzungen erfolgen. Das bedeutete natürlich einen hohen Personalaufwand, der hier angesichts der im Übrigen einsprachigen Erarbeitung dieser Texte einzig dem Ziel dieser klärenden Wirkung dienen könnte. dass die Kommission hiervor zurückschreckt, kann nicht überraschen: Schließlich käme ja auch keine einsprachige Staatsverwaltung auf die Idee, nur mit diesem Ziel alle einzelnen Schritte des Gesetzgebungsverfahrens übersetzen zu lassen, obwohl das vielleicht, von den Kosten abgesehen, kein Fehler wäre.

Was die Vermeidung von Widersprüchen und die Minimierung von Bedeutungsunterschieden betrifft, so kann man wohl nicht mehr verlangen, als dass alle Gesetzgebungsakte in allen Sprachfassungen am Ende des Gesetzgebungsverfahrens noch einmal auf ihre Übereinstimmung miteinander geprüft werden. Rügen ließe sich allenfalls die notorische Überlastung der Rechts- und Sprachsachverständigen und der Zeitdruck, unter dem sie arbeiten. Aber das ist kein spezifisches Problem dieses Verfahrens.

Man kann natürlich auch die politischen Vorgaben in Frage stellen. Die Gefahr von Widersprüchen zwischen den Sprachfassungen und die Wirkung von Bedeutungsunterschieden zwischen ihnen ließen sich neutralisieren, wenn man vom derzeitigen System einer starken Vielsprachigkeit mit 23 gleichermaßen verbindlichen Sprachfassungen zu einem System der schwachen Vielsprachigkeit überginge, in dem von den 23 Sprachfassungen idealiter nur eine einzige verbindlich wäre. In einem solchen System ließe sich die wahre Bedeutung einer Norm ohne spezifische Schwierigkeiten der Vielsprachigkeit durch Rückgriff auf die eine

Generalanwalt Léger, ibid.

39   Hierin liegt ein Wertungswiderspruch zur Auslegung von Art 146 der Geschäftsordnung des Europäischen Parlaments, zit. in Fn. 24.

verbindliche Fassung ermitteln. Das entspräche insofern der bereits heute zu beobachtenden Realität, als es zum einen regelmäßig eine Referenzfassung der Gesetzgebungsakte zu geben scheint, die bei deren Schlussredaktion als Maßstab für alle anderen Fassungen dient, und als zum anderen vor dem EuGH für die Auslegung eines Gesetzgebungsaktes prima facie nur eine Sprachfassung, nämlich die französische, herangezogen wird, allerdings unabhängig davon, ob sie auch die Referenzfassung war. Es entspräche auch insofern der bereits heute zu beobachtenden Realität, als mitgliedstaatliche, insbesondere deutsche Gerichte, die mit der Auslegung eines EU-Gesetzgebungsaktes in der (gleichermaßen verbindlichen) lingua fori Schwierigkeiten haben, gerne in der Annahme auf die englische und/oder die französische Fassung zurückgreifen, dass mit dieser irgendwie eine höhere Richtigkeitsgewähr verbunden sei. So unrichtig diese Annahme rein rechtlich in Anbetracht der Tatsache ist, dass keiner Sprache ein Sonderstatus zukommt[40], so richtig ist sie jedenfalls dann, wenn das Gericht (zufällig) die Referenzfassung wählt, in der Realität. Der oben angesprochene Übergang zu einem System schwacher Vielsprachigkeit, der zudem menschenrechtlich geboten ist[41], hätte den Vorteil, die Rechtslage mit den Erwartungen des Rechtsstabs und der Bürger in Einklang zu bringen. Die politischen Interessen der Mitgliedstaaten an einer – sowieso zunehmend fiktiven – Gleichberechtigung aller Amtssprachen sollten demgegenüber zurücktreten.

40 Vgl. Text bei Fn. 2.
41 Vgl. *Schilling*, EuLJ 16 (2010), 47.

Zur Bindung von Gesetzen an Gesetze

Michael Kloepfer

A. Allgemeines

Demokratie ist immer auch Hoffnung. Hoffnung auf Veränderung und Hoffnung darauf, dass die jeweilige Opposition zur Regierungspartei wird; eine Hoffnung übrigens, die sich regelmäßig sehr schnell umkehrt, wenn eine Opposition erst einmal den Regierungswechsel geschafft hat. Mehrere Verfassungsmechanismen sichern die mögliche Realisierung dieser demokratie-immanenten Hoffnung auf Veränderung: die zeitlich begrenzten Legislaturperioden, periodische freie Wahlen und der Vorrang des späteren Gesetzes.

Die Formel von der Demokratie als Herrschaft auf Zeit wäre weitgehend inhaltsleer und folgenlos, wenn es die Derogation durch die lex posterior nicht gäbe.[1] Diese Derogationsregel ist für das demokratische Gemeinwesen von so fundamentaler politischer und rechtlicher Bedeutung, dass sie sogar von der Ewigkeitsgarantie des Art. 79 Abs. 3 GG als Bestandteil der Demokratie erfasst sein dürfte. Die prinzipielle Reversibilität politischer Entscheidungen ist eine der die Demokratie tragenden Grundmaximen. Damit sind faktisch irreversible Entscheidungen zwar nicht ausgeschlossen. Sie werden aber immerhin weitgehend zurückgedämmt.

Trotz seiner fundamentalen Bedeutung gilt der Vorrang des späteren Gesetzes nicht unbeschränkt, weil er in Konkurrenz zu anderen Derogationsregeln tritt. Dabei mag man bezüglich des prinzipiellen Vorrangs des speziellen Gesetzes gegenüber dem allgemeinen Gesetz darüber streiten können, ob eine spätere allgemeine Regelung eine frühere spezielle Regelung verdrängt. Dies wird letztlich nur im Einzelfall durch Auslegung festzustellen sein.[2] Dabei wird es maßgeblich von der Interpretation des späteren Gesetzes abhängen, ob es die frühere Spezialregelung aufheben will oder nicht.

Auf eine deutlichere Grenze trifft der Vorrang des späteren Gesetzes durch den Vorrang des höherrangigen Rechts (lex superior derogat legi inferiori). Aller-

---

1   *Kloepfer/Bröcker*, DÖV 2001, 1 (10).
2   *Larenz*, Methodenlehre der Rechtswissenschaft, 6. Aufl. 1991, S. 267 f.; *Zippelius*, Methodenlehre, 7. Aufl. 1999, § 7 f).

dings ist diese Grenze im abgegrenzten Bereich der neuen Abweichungsgesetzgebung (Art. 72 Abs. 3, 84 Abs. 1 S. 2, 125 Abs. 1 S. 3 GG) überwindbar geworden, weil hier durch Landesrecht das ranghöhere Bundesrecht verdrängt
werden kann.[3] Von dieser punktuellen Ausnahme abgesehen, geht aber das ranghöhere Gesetz stets vor. Insbesondere kann ein späteres einfaches Gesetz nicht
eine früher erlassene Verfassungsnorm derogieren. Dies würde gegen die Ver-
fassungsbindung der Gesetzgebung (Art. 20 Abs. 3 GG), aber auch gegen das
allgemein anerkannte – durch die Abweichungsgesetzgebung freilich durchbro-
chene – Prinzip verstoßen, dass der Vorrang des späteren Gesetzes nur zwischen
Rechtsnormen gleichen Ranges gilt.

B.   Fragestellung und Abgrenzungen

I.   Fragestellung

Genau hier setzt nun unsere Frage danach an, ob es eine Bindung von Gesetzen
an Gesetze gibt oder geben kann. Normenhierarchisch wäre dies möglich, wenn
es Parlamentsgesetze unterschiedlichen Ranges gäbe, also neben den „normalen"
Parlamentsgesetzen noch höherrangige „Supergesetze"[4] bzw. gesetzesbindende
Grundlagengesetze[5] existierten.

Es soll im folgenden Beitrag also nicht darum gehen, die klassische Normenpyramide (Verfassung, Parlamentsgesetz, Rechtsverordnung, u.U. Satzungen) zum
Einsturz zu bringen, sondern nur darum, ob ein neues Zwischengeschoss zwischen Verfassung und einfachen Gesetzen eingezogen werden könnte oder sollte.
Der Beitrag sucht mit anderen Worten nach einer besonderen Art von Gesetzen,
die Bindungswirkungen gegenüber anderen Gesetzen erzeugen können, ohne
Verfassungsrang zu erhalten.

Dass ein solches normatives Zwischengeschoss grundsätzlich möglich ist, hat
das Grundgesetz seit 1949 mit der Sondervorschrift des Art. 25 GG zur innerstaatlichen Wirkung der allgemeinen Regeln des Völkerrechts festgeschrieben,
die bekanntermaßen den Gesetzen vorgehen, ohne allerdings selbst Verfassungs-

3   *Franzius*, NVwZ 2008, S. 492 (493 f.); *Kloepfer*, Verfassungsrecht, Bd. I, 2011, § 21
    Rn. 110 ff., insb. Rn. 116.
4   *Kloepfer*, Verfassungsrecht, Bd. I, 2011, § 21 Rn. 16; zur Konstruktion der italienischen
    „super leggi" bereits *Kloepfer*, UPR 2007, 161 (166); *Linck*, DÖV 2000, 325 (327).
5   Siehe insb. *Hufen,* in: Schuppert (Hrsg)., Das Gesetz als zentrales Steuerungsinstrument
    des Rechtsstaates, 1998, S. 14 ff.; *Hufen* selbst führt den Begriff auf *von Hajek* zurück
    (a.a.O. S. 22, Fn. 34).

rang zu erreichen. Die Anerkennung der neuen Normgeltungsebene oberhalb der Gesetze, aber unterhalb der Verfassung liegt hier also in einer ausdrücklichen verfassungsrechtlichen Entscheidung. Dies gilt nicht zwingend für alle Erscheinungsformen der Super- bzw. Grundlagengesetze, worauf noch einzugehen sein wird.

II. Abgrenzungen

Für eine weitere Erkundung ist zunächst zwischen echten und unechten Supergesetzen bzw. Grundlagengesetzen zu unterscheiden: Nur scheinbar handelt es sich um Super-/ bzw. Grundlagengesetze, die deshalb einen Vorrang gegenüber späteren Parlamentsgesetzen haben, weil sie europarechtlich bzw. verfassungsrechtlich zwingend erforderlich sind und/oder wenn ihre Aufhebung europa- bzw. verfassungsrechtliche, z.B. grundrechtliche Positionen verletzen würde. Dies wird insbesondere dann besonders greifbar sein, wenn der EuGH bzw. das BVerfG den Erlass eines derartigen Gesetzes im Hinblick auf das Europäische Primärrecht bzw. auf das Verfassungsrecht für zwingend erforderlich erklärt haben. Bei diesen *unechten Supergesetzen* geht es aber letztlich um die Durchsetzung des Anwendungsvorrangs des Unions- bzw. des Verfassungsrechts, nicht aber um die Anerkennung einer neuen normenhierarchischen Zwischenebene für Rechtsnormen grundsätzlichen Inhalts vor allem wegen eines entsprechenden Anordnungswillens des Gesetzgebers (*echte Supergesetze*).

Von den hier zu untersuchenden (Rechts-)Bindungen des Gesetzgebers sind reine *politische Bindungen von Gesetzen an Gesetze* zu unterscheiden, etwa wenn bei einem politischen Reformpaket die Verabschiedung des einen Gesetzes die Verabschiedung des anderen Gesetzes politisch kaum vermeidbar erscheinen lässt. Auch die Sicherung struktureller Kontinuität durch gelungene Kodifikationen[6] führt regelmäßig zu einer tatsächlichen politischen Bindung des Gesetzgebers. Diese besteht darin, dass sich spätere Gesetzgeber regelmäßig im Strukturrahmen einer Kodifikation bewegen, obwohl sie diesen auch ändern könnten.

Hat ein Gesetz einen Allgemeinen und einen Besonderen Teil, sind spätere Veränderungen des Besonderen Teils regelmäßig ebenfalls „gezwungen", sich in die Struktur des Allgemeinen Teils einzupassen. Auch hier handelt es sich aber nur um eine politische Bindung, weil der Gesetzgeber der späteren Änderung zugleich auch den Allgemeinen Teil nachjustieren könnte.

---

6   *Kloepfer*, UPR 2007, 161 (166); *ders.*, Die Verwaltung 2008, 195 (197).

Zu trennen von den Gesetzesbindungen durch Gesetz sind schließlich die faktischen, aber unter Umständen auch rechtlich relevanten *Auswirkungen von Gesetzen auf andere Gesetze*, etwa wenn Inhalte bestehender Gesetze durch die Verabschiedung eines neuen Gesetzes in ihren Auswirkungen bzw. Anwendungsbereichen verändert werden.

C. Erscheinungsformen der Bindung von Gesetzen an Gesetze

I. Bindung aufgrund bestehender Verfassungsgehalte

Unter geltendem Verfassungsrecht sind Ansätze für Super- bzw. Grundlagengesetze vor allem im Bereich des Finanz- und Haushaltsrechts entwickelt worden.

1. Haushaltsgrundsätzegesetz

Hier ist zunächst das Haushaltsgrundsätzegesetz (HGrG) zu nennen. Art. 109 Abs. 4 GG – früher Art. 109 Abs. 3 GG – ermächtigt den Bundesgesetzgeber, für den Bund und die Länder gemeinsam geltende Grundsätze für das Haushaltsrecht, für eine konjunkturgerechte Haushaltswirtschaft und für eine mehrjährige Finanzplanung aufzustellen. Hier interessiert nicht die Bindung des Landesgesetzgebers, sondern die Bindung des Bundesgesetzgebers an frühere bundesgesetzliche Vorgaben. Die damit verbundene Bindung von Bundesgesetzen an frühere Bundesgesetze unter Abweichung vom Posterioritätsgrundsatz ist für das Haushaltsgrundsätzegesetz durch die spezifische bundesverfassungsrechtliche Ermächtigung in Art. 109 Abs. 4 GG gerechtfertigt.

2. Maßstäbegesetz

Die Finanzverfassung des Grundgesetzes legt das komplizierte bundesstaatliche Steuerverteilungs- und Ausgleichssystem häufig nur in sehr unbestimmten Verfassungsbegriffen fest. Daraus ergibt sich nach Ansicht des Bundesverfassungsgerichts eine einschlägige Konkretisierungspflicht für den Gesetzgeber.[7] Der Gesetzgeber hat abstrakte Maßstäbe für die Zuteilung und den Ausgleich im bun-

---

7 BVerfGE 101, 158 (215) – Finanzausgleich III; vgl. dazu auch *Degenhart*, ZG 2000, 79 (84 ff.); *Linck*, DÖV 2000, 325 (327 ff.); *Pieroth*, NJW 2000, 1086 ff.; *Rupp*, JZ 2000, 269 ff.; *Wieland*, DVBl. 2000, 1314 ff.; umfassend *v. Schweinitz*, Das Maßstäbegesetz, 2003.

desstaatlichen Finanzsystem festzulegen, bevor er die konkreten Finanzierungsfolgen regeln darf.[8] Mit dem Maßstäbegesetz (MaßstG) vom 9. September 2001[9] kam der Gesetzgeber seiner entsprechenden, vom Bundesverfassungsgericht formulierten verfassungsrechtlichen Verpflichtung nach. Auch hier wird also mit der Bindung des Finanzausgleichsgesetzgebers an den Maßstäbegesetzgeber der lex posterior-Grundsatz durchbrochen. Dem Maßstäbegesetz kommt somit eine besondere Stellung zwischen Verfassung und (einfachem) Ausführungsgesetz (Finanzausgleichsgesetz) zu. Der Gesetzgeber bindet sich durch den Erlass des Maßstäbegesetzes selbst. Eine Verletzung der Maßstäbe wäre als mittelbarer Verfassungsverstoß zu werten, was zur Verfassungswidrigkeit des Ausführungsgesetzes führen würde.[10] Will der Gesetzgeber von seinen bisherigen Maßstäben abweichen, muss er dies mit einer Änderung des Maßstäbegesetzes nach außen erkennbar dokumentieren.

Diese Zweitaktigkeit des Gesetzgebungsverfahrens (Maßstäbegesetz, konkretes Finanzzuteilungsgesetz oder sonstige gesetzliche Verteilungsentscheidungen) bedeutet jedoch nicht, dass zwei auch formal voneinander unabhängige Gesetze erlassen werden müssten. Zuständigkeit und Verfahren sind für Maßstäbe- und Ausführungsgesetz gleich, so dass es durchaus möglich wäre, innerhalb eines einheitlichen Finanzausgleichsgesetzes die Maßstäbe – etwa in einem „Allgemeinen Teil" – und die konkreten Ausgleichsbeträge – etwa in einem „Besonderen Teil" – zu regeln. Zwar muss die Entwicklung der allgemeinen Maßstäbe in zeitlichem Abstand vor der Festlegung der Aufteilungs- und Zuteilungsquoten erfolgen.[11] Gleichwohl kann im parlamentarischen Gesetzgebungsverfahren die Abstimmung über beide Gesetze gleichzeitig stattfinden, soweit durch entsprechende Ordnungsmerkmale ersichtlich wird, dass die Ausführungsregeln auf den vorangestellten und gedanklich zuvor festgelegten Maßstäben beruhen.[12]

Die bundesrechtlich vorgesehene aufgefächerte Zweitaktigkeit des Finanzverteilungssverfahrens soll vor allem verhindern, dass allgemeine Verteilungsmaßstäbe im Hinblick auf konkrete Verteilungsergebnisse formuliert werden. Es soll also insgesamt eine primär ergebnisgeleitete Grundsatzbildung vermieden werden. Durch die Entzerrung von gesetzlicher Maßstabbildung und gesetzlicher Verteilungsentscheidung soll eine erhöhte Rationalität der gesetzgeberischen

---

8   BVerfGE 101, 158 (Ls. 3) – Finanzausgleich III.
9   BGBl. I, S. 2302, zul. geänd. d. Art. 8 G v. 29.5.2009 (BGBl. I, S. 1170); dazu *v. Schweinitz,* Das Maßstäbegesetz, 2003; *Korioth,* ZG 2002, 335 ff.; *Henneke,* Jura 2001, 767 ff.
10 *Kloepfer,* Verfassungsrecht, Bd. I, 2011, § 26 Rn. 150.
11 *Wieland,* DVBl. 2000, 1310 (1315).
12 So auch *Kroll,* StuW 2000, 45 (75 f.).

Steuerung im Finanzausgleich gesichert werden. Mit den Worten des Bundesverfassungsgerichts ergibt sich damit folgendes Konzept: Trotz der Möglichkeit der Änderung des Maßstäbegesetzes in einem Gesetzgebungsakt mit der Änderung des Finanzausgleichs folgt aus der Notwendigkeit der Änderung eine Warnfunktion für den Gesetzgeber.

II. Gesetzesanwendende Gesetze

Während die bindende Kraft des Haushaltsgrundsätzegesetzes und des Maßstäbegesetzes maßgeblich auf verfassungsrechtlichen Gehalten bzw. verfassungsgerichtlichen Ausführungen beruht, kann die Bindung von gesetzesanwendenden Gesetzen an höherrangige Grundsatzgesetze auch aus dem materiellen Gehalt eines Gesetzes erfolgen. Dies ist bei den gesetzesanwendenden Gesetzen der Fall. Gesetzesanwendende Gesetze sind Staatsakte, die zwar formal Gesetzgebung darstellen, materiell aber zum Teil eher normanwendende Konkretisierungen[13] sind und sich damit insgesamt inhaltlich einer Verwaltungstätigkeit nähern. Sie können regelmäßig zu den sog. Maßnahmegesetzen[14] gezählt werden, ohne freilich mit ihnen identisch bzw. deckungsgleich zu sein. Die wichtigsten Beispiele für gesetzesanwendende Gesetze sind:

1. Haushaltsordnungen und Haushaltsgesetze

Die Bundeshaushaltsordnung (BHO) bzw. die Landeshaushaltsordnungen binden die Gesetzgeber des Bundes bzw. der Länder bei der Aufstellung und Verabschiedung der konkreten Haushaltsgesetze des Bundes bzw. der Länder. Dabei werden den Haushaltsgesetzgebern des Bundes bzw. der Länder das Verfahren, die Maßstäbe und die Kategorien durch die jeweils für sie geltenden Haushaltsordnung vorgegeben, die konkreten Haushaltsansätze aber werden im Sinne einer gesetzesausfüllenden Entscheidung erst durch das jeweilige Haushaltsgesetz festgelegt.

---

13 Dies erinnert an die Konstruktion der früheren Rahmengesetzgebung nach Art. 75 GG a.F. Dabei konnten die Länder den bundesgesetzlich vorgegeben Rahmen durch eigene Gesetze konkretisieren. Der Sache nach ist dies auch heute möglich, wenn der Bund entsprechende Öffnungsklauseln in seinen Gesetzen vorsieht.

14 Nach *Forsthoff*, in: Gedächtnisschrift für W. Jellinek, 1955, S. 221 ff.

2. Gemeindeordnungen und kommunale Neugliederungen

Auch auf dem Gebiet des Kommunalrechts lassen sich entsprechende Beispiele finden. So regeln etwa die Gemeindeordnungen der Länder regelmäßig Grundsätze der Gemeindegebietsreformen.[15] Eine konkrete Neugliederung des Gemeindegebietes gegen den Willen einer Gemeinde bedarf jedoch eines weiteren konkreten Neugliederungsgesetzes.[16]

3. Gesetze über juristische Personen und deren gesetzliche Errichtung

Schließlich ist auf eine allgemeine Regelstruktur hinzuweisen, die einerseits gesetzliche Regelungen über juristische Personen und andererseits gesonderte gesetzliche Errichtungen juristischer Personen kennt. Beispielhaft für weitere Bereiche der öffentlich-rechtlichen Körperschaften soll noch das Beispiel der Universitäten genannt werden. Hier regeln die Hochschulgesetze der Länder den Aufbau und die Aufgaben der Hochschulen; nicht zuletzt wird dort festgeschrieben, dass die Errichtung, Gründung und Aufhebung von Hochschulen nur durch Gesetz geschehen kann.[17]

Der entscheidende Grund für die Anerkennung gesetzesanwendender Gesetze liegt darin, dass die anwendenden, konkretisierenden Entscheidungen (Haushaltsaufstellung, Gemeindegebietsreform, Universitätsgründung) trotz ihres teilweise verwaltungsähnlichen Charakters aus unterschiedlichen Gründen der Gesetzesform bedürfen.

III. Grundsätze der Folgerichtigkeit und der Systemgerechtigkeit

Eine weitere Form der Bindung des Gesetzgebers an sich selbst wird unter den Postulaten gesetzgeberischer Folgerichtigkeit bzw. Systemgerechtigkeit erörtert. Das Bundesverfassungsgericht hat in seiner Rechtsprechung insbesondere im Steuerrecht den *Grundsatz der Folgerichtigkeit*[18] etabliert. Vor allem in der rechtswissenschaftlichen Literatur wird darüber hinaus über eine wohl weiterge-

---

15   Vgl. § 8 Sächsische Gemeindeordnung; §§ 17 ff. Gemeindeordnung NRW.
16   Vgl. § 8 Abs. 2 Sächsische Gemeindeordnung; § 19 Abs. 3 Gemeindeordnung NRW.
17   Vgl. § 1 Abs. 3 Berliner Hochschulgesetz.
18   BVerfGE 23, 242 (256); BVerfGE 84, 239 (271) – Zinsbesteuerung: jüngst BVerfGE 122, 210 ff. – Pendlerpauschale.

hende *Systemgerechtigkeit*[19] als Anforderung an den Gesetzgeber nachgedacht. Beiden im Kern verwandten Ansätzen ist gemein, dass aus ihnen die Bindung des Gesetzgebers an sich selbst folgt.

Bei der Bindung des Gesetzgebers an die Grundsätze der Folgerichtigkeit und der Systemgerechtigkeit wird zu unterscheiden sein zwischen der *internen Folgerichtigkeit* (innerhalb eines Gesetzes) und der *externen Folgerichtigkeit* (zwischen verschiedenen Gesetzen). Dabei ist das Gebot interner Folgerichtigkeit verfassungsrechtlich etwas leichter zu begründen. Ein Verstoß gegen die interne Folgerichtigkeit von Gesetzen läge danach vor, wenn die in einer Durchbrechung eines vom Gesetzgeber selbst gewählten Systems liegende Ungleichbehandlung (Art. 3 Abs. 1 GG) sachlich nicht gerechtfertigt ist. [20] Die Forderung nach externer Sachgerechtigkeit hingegen muss mit dem nicht ohne weiteres verfassungsrechtlich nachweisbaren Grundsatz der Einheit der Rechtsordnung[21] argumentieren. Gerade angesichts demokratischer Mehrheitswechsel und wechselnder historischer Entwicklungen wird aus der Verfassung nur ein Verbot der evidenten Widersprüchlichkeit der Rechtsordnung zu entnehmen sein, weil die Rechtsordnung vom Bürger keine evident widersprüchlichen Verhaltensformen fordern darf.[22]

Das Bundesverfassungsgericht hat zwar auch in seinem Urteil zu Verpackungsabgaben[23] in Richtung einer externen Systemgerechtigkeit argumentiert, konturenstarke Aussagen hat es aber vor allem zur internen Folgerichtigkeit vor allem im Bereich des Steuerrechts getroffen. Jüngst zeigte das Bundesverfassungsgericht mit seinem maßgeblich auf einen Verstoß gegen das Gebot der Folgerichtigkeit gestützte Urteil zu den Rauchverboten in Gaststätten[24] jüngst erneut, dass es gewillt ist, seine Folgerichtigkeitsrechtsprechung auch über den Bereich des Steuerrechts hinaus anzuwenden. Im Schrifttum[25] sind seine Überlegungen überwiegend auf Kritik gestoßen. Insbesondere *Lepsius* hat dem Bundesverfassungsgericht angesichts der unklaren verfassungsrechtlichen Anknüpfungspunkte

---

19 *Degenhart,* Systemgerechtigkeit und Selbstbindung des Gesetzgebers als Verfassungspostulat, 1976, S. 29 ff. et passim; *Peine,* Systemgerechtigkeit: die Selbstbindung des Gesetzgebers als Maßstab der Normenkontrolle, 1985, S. 168 ff. et passim.
20 BVerfGE 84, 239 (271); zuletzt BVerfGE 122, 210 (235 ff.) – Pendlerpauschale.
21 Grundlegend *Engisch,* Die Einheit der Rechtsordnung, 1930; im Ergebnis kritisch *Felix,* Einheit der Rechtsordnung, 1998, S. 397.
22 *Kloepfer/Bröcker,* DÖV 2001, 1 (12).
23 BVerfGE 98, 106 ff. – Verpackungsabgabe.
24 BVerfGE 121, 317 ff.
25 *Lepsius,* JZ 2009, 260 (262); *Michael,* JZ 2008, 875 (877 f.); *Brüning,* NVwZ 2002, 34 (35 f.); *Sendler,* NJW 1998, 2875 ff.

schon vorgeworfen, die gebotene verfassungsrechtliche Herleitung des Grundsatzes der Folgerichtigkeit durch umfangreiche Verweise auf die eigene Rechtsprechung ersetzen zu wollen.[26] In der Tat ist der Grundsatz der Folgerichtigkeit geeignet, die Kompetenzen des Verfassungsgerichts über die Überprüfung auf Verletzungen spezifischen Verfassungsrechts deutlich zu erweitern. Denn das Gebot der Folgerichtigkeit nutzt Normen des einfachen Rechts als argumentative Anknüpfungspunkte für eine verfassungsrechtliche Beurteilung.[27]

D. Grundlagengesetze als Rechtsfigur und Kontinuitätsreserve

Halten wir kurz inne. Weshalb die ganze Mühe? Warum soll eigentlich in die bewährte Normenpyramide noch ein neues Zwischengeschoss für gesetzesbindende Supergesetze bzw. Grundlagengesetze eingefügt und damit u.U. die Pyramidenstatik gefährdet werden? Die dogmatische Konstruierbarkeit eines neuen Gesetzgebungstyps liefert als solche noch keine selbsttragende Legitimation für eine dogmatische Konstruktion. Darum geht es hier auch nicht, denn mindestens zwei Gründe lassen sich für die Ausformung der Bindung des Gesetzgebers an Gesetze anführen:

I. Dogmatische Erfassung von Realität

Die Figur des Super- bzw. Grundlagengesetzes ermöglicht es, einen sich faktisch ausbreitenden Gesetzgebungstyp dogmatisch zu erfassen. Dabei kann es durch Systematisierung und vergleichende Zusammensicht gelingen, Eigenarten solcher Gesetze und die Anforderungen an sie genauer zu bestimmen. Die Rechtsfigur des Super- bzw. Grundlagengesetzes kann also eine tatsächliche erfolgte allgemeine Rechtsentwicklung konkretisieren und dogmatisch durchdringen.

II. Langzeitverantwortung

Supergesetze bzw. Grundlagengesetze können zudem ein Weg sein, die offenkundigen Schwächen der parlamentarischen Demokratie im Bereich der langfristigen Planung wenn nicht zu beseitigen, so doch immerhin zu relativieren.[28] Die

---

26 *Lepsius*, JZ 2009, 260 (262).
27 *Lepsius*, JZ 2009, 260 (263).
28 Das Potential der Grundlagengesetze zur langfristigen Planung hat auch das Bundesverfassungsgericht in seinem Urteil „Finanzausgleich III" hervorgehoben: Dort beschreibt es

periodischen Wahlen in einer Demokratie führen typischerweise zur Realisierung von Kurzzeitverantwortung, vernachlässigen regelmäßig aber die erforderliche und bisher eher defizitär wahrgenommene Langzeitverantwortung[29] in unserem Gemeinwesen. Immer deutlicher zeigt sich, dass der Gesichtspunkt der Zukunftsverantwortung in der politischen Praxis nur wenig Durchschlagskraft besitzt.[30] Denn die Struktur des demokratischen Systems lässt es zu, ja befördert es, dass letztlich die Zukunft zugunsten der Gegenwart in Anspruch genommen wird. Die künftigen Generationen haben nun einmal kein Wahlrecht in der Gegenwart.

Die Einführung des Art. 20a GG, der immerhin die Verantwortung für künftige Generationen als verfassungsrechtlichen Abwägungsmaßstab verankert, hat dieses Grundproblem nur sehr bedingt zu lösen vermocht. Es ist daher bereits verschiedentlich konstatiert worden, es bestehe ein Bedarf an einer „Kontinuitätsreserve allgemeiner Regeln unterhalb der Verfassung"[31]. Insoweit können Super- bzw. Grundlagengesetze die Gesetzgebung verstetigen und insgesamt als ein Instrument der Langzeitverantwortung dienen.

III.   Anwendungsbereiche

Einsatzgebiete für Super- bzw. Grundlagengesetze sind insbesondere mit Blick auf ihre Kontinuitätsfunktion in unterschiedlichen Bereichen denkbar: Langfristige Aufgaben wie der Klimaschutz und/oder der Umbau der Energieversorgung könnten so mit entsprechenden langfristig stabilen, rechtlich bindenden Leitlinien versehen werden. Aber etwa auch Grundlagen der Sozialversicherung, die faktisch „Generationenverträge" enthalten, könnten so rechtlich gesichert werden. Die Erarbeitung rechtlich bindender Grundlagen der Sozialversicherung ist nur dann sinnvoll, wenn diese über einen längeren Zeitraum hinweg im Kern un-

---

die Normenpyramide wie folgt: „Das Grundgesetz gibt in der Stetigkeit des Verfassungsrechts die allgemeinen Prinzipien für die gesetzliche Steuerzuteilung und den gesetzlichen Finanzausgleich vor; der Gesetzgeber leitet daraus langfristige, im Rahmen kontinuierlicher Planung fortzuschreibende Zuteilungs- und Ausgleichsmaßstäbe ab; in Anwendung dieses den Gesetzgeber selbst bindenden maßstabgebenden Gesetzes (Maßstäbegesetz) entwickelt das Finanzausgleichsgesetz sodann kurzfristige, auf periodische Überprüfung angelegte Zuteilungs- und Ausgleichsfolgen", vgl. BVerfGE 101, 158 (217); kritisch zu diesem Aspekt *Pieroth*, NJW 2000, 1086 (1086).

29 *Kloepfer/Gethmann/Nutzinger*, Langzeitverantwortung im Umweltstaat, 1993.

30 *Kloepfer*, Verfassungsrecht, Bd. I, 2011, § 7 Rn. 336 ff.

31 *Hufen,* in: Schuppert (Hrsg)., Das Gesetz als zentrales Steuerungsinstrument des Rechtsstaates, 1998, S. 11 (15); *Smeddinck*, ZG 2007, S. 62 (63).

verändert bleiben. Folglich könnten solche Regelungen über die Grundlagen der Sozialversicherung in den Rang eines Super- bzw. Grundlagengesetzes erhoben werden. Auch im Bereich des Finanz- und Haushaltsrechts, das bislang als bevorzugtes Referenzgebiet dient, sind weitere Einsatzmöglichkeiten denkbar, etwa im Bereich des Schuldenabbaus.

Schließlich hielte auch die Gesetzgebung selbst einen möglichen Anwendungsbereich vor: Es hat sich in den vergangenen Jahrzehnten gezeigt, dass der Erlass umfangreicher Gesetze, insbesondere Kodifikationen, die vorbereitende Ministerialverwaltung und den beschließenden Gesetzgeber zunehmend vor Schwierigkeiten stellen. Schon in den siebziger Jahren beschloss der Gesetzgeber daher, das Sozialgesetzbuch (SGB) in Stufen zu erlassen. Bis heute ist das SGB auf zwölf Bücher angewachsen. Auch der Referentenentwurf für ein UGB-2009 sah in der ersten Stufe nur den Erlass von fünf Büchern vor; weitere sollten folgen.[32] Diese Art der zeitlich gestreckten, *stufenweisen Kodifikation*[33] kann ebenfalls von einem Grundlagengesetz profitieren, in dem etwa die Struktur und Gliederung festgelegt werden könnten.[34]

E.   Handlungsalternativen

Der neue Typ gesetzesbindender Gesetze verfügt allerdings nicht über ein Funktionsmonopol zur Absicherung langfristiger Grundlagenentscheidungen. Zur Kontinuitätssicherung durch Super- bzw. Grundlagengesetze gibt es auch *Handlungsalternativen*.

I.   Verfassungsänderungen

Denkbar wären etwa entsprechende Verfassungsänderungen, welche die Kontinuität ebenfalls sichern würden, die klassische Normenhierarchie aber unangetastet ließen. Allerdings würde so die Zahl der ohnehin schon recht zahlreichen

---

32   Siehe zum Entwurf des UGB-2009 *Bohne/Kloepfer* (Hrsg.), Das Projekt eines Umweltgesetzbuchs 2009.

33   Dazu im Hinblick auf das UGB-Projekt *Kloepfer*, Umweltschutzrecht, 2008, S. 25 f.; *ders.*, Die Verwaltung 2008, S. 195 (202 f.). Die Kontinuitätssicherung durch gestufte Kodifikationen darf nicht verwechselt werden mit der faktischen Kontinuitätsgewährleistung durch eine Vollkodifikation, siehe dazu unter II.2, V.4.

34   Hierzu *Schärdel*, Die Bücherkodifikation, Dissertation an der Humboldt-Universität zu Berlin, 2011 (Typoskript).

Verfassungsänderungen[35] noch weiter aufgebläht. Außerdem würden situative Einzelfallregelungen in das Grundgesetz einfließen, die an sich nicht in eine Verfassung hineingehören.

II.   Verträge

Eine andere Möglichkeit wären vertragliche Lösungen, wie sie etwa in Form von völkerrechtlichen Verträgen, aber auch in Form von innerstaatlichen Verträgen (z.B. Staatsverträge im bundesstaatlichen Bereich) bekannt sind. Die Konstruktion zur Laufzeitverlängerung von Kernkraftwerken im Jahre 2010 mit mehreren in sich verschachtelten Verständigungs- und Vertragslösungen hatte ja erkennbar jedenfalls auch den Sinn, die Langfristigkeit der politischen Entscheidungen zu sichern, falls es nach der nächsten Bundestagswahl zu einem Regierungswechsel käme. Allerdings zeigt dieser konkrete Fall auch die politischen Schwächen solcher Lösungen: Sie können an fehlender Transparenz leiden oder als Umgehung des Gesetzgebers verstanden werden. Also bedürfen auch solche vertraglichen Ausgestaltungen noch rechtlicher, vielleicht auch verfassungsrechtlicher Ermächtigungen und Verfahrensgestaltungen. Da ist dann vielleicht doch der Weg über Super- bzw. Grundlagengesetze mit qualitativer Mehrheit vorzuziehen.

III.   Politische Planung

Auch eine politische Planung durch die Regierung kann ein Instrument zur Gewährleistung von Kontinuität sein. Tatsächlich lassen sich verschiedene Programme aufzählen, die weit über die jeweilige Legislaturperiode hinaus nicht nur wirken sollten, sondern auch gewirkt haben. Zu nennen wäre etwa das heute fast visionär zu nennende Umweltprogramm der damaligen sozial-liberalen (d.h. rot-gelben) Bundesregierung von 1971[36], das nicht nur die Grundprinzipien des deutschen Umweltrechts benannte, sondern auch den späteren Erlass nahezu aller noch heute zentraler Umweltgesetze plante. Auch die umstrittene Agenda 2010 der rot-grünen Bundesregierung oder das nicht minder umstrittene aktuelle Energiekonzept der schwarz-gelben Bundesregierung, das eine Planung der Energieversorgung bis zum Jahr 2050 enthält, sind Beispiele für den Versuch der politischen Planung über den Horizont der Legislaturperiode hinaus. Trotz ihrer

---

35   *Kloepfer*, Verfassungsrecht, Bd. I, 2011, § 2 Rn. 172 f.
36   BT-Drs. 6/2710; dazu *Kloepfer*, Umweltrecht, 3. Aufl. 2004, § 2 Rn. 77 ff.

zum Teil nicht unerheblichen tatsächlichen politischen Steuerungswirkung[37] erzeugen die Programme freilich keine rechtlichen Bindungen.

IV. Kodifikationen

Eine rein politische Bindung des Gesetzgebers an früher erlassenes Recht kann wie erwähnt auch von einer gelungenen Kodifikation, insbesondere von ihrem Allgemeinen Teil, ausgehen. Das BGB ist hierfür ein signifikantes Beispiel. Es hat auch über extreme historisch-politische Brüche hinweg vermocht, den jeweiligen Gesetzgeber zur Einpassung seiner Vorhaben in die Kodifikationssystematik zu veranlassen. Eine gute Kodifikation hat so die Kraft, die strukturelle Kontinuität der Rechtsordnung zu sichern,[38] auch wenn damit keine Rechtsbindung des Gesetzgebers an die frühere Kodifikation vorliegt. Eine solche echte Rechtsbindung könnte allerdings dadurch erreicht werden, dass etwa der Allgemeine Teil einer Kodifikation als Super- bzw. Grundlagengesetz erlassen wird.

F. Ausblick

Die Vorteile der Super- bzw. Grundlagengesetze im Bereich der langfristigen Planung und der Schaffung von Rechtskontinuität werden allerdings mit einer Beschränkung des Demokratieprinzips erkauft. Diese Einschränkung wird deswegen nur dann akzeptabel sein, wenn sie einerseits durch hinreichende Verfahrensrechte und Beteiligungsmöglichkeiten legitimiert wird und andererseits auch verfassungsrechtlich abgesichert ist. Sachgerecht wäre etwa eine entsprechende Ergänzung des Grundgesetzes durch einen neuen Art. 79a GG, welcher die grundsätzliche Möglichkeit des Erlasses von Super- bzw. Grundlagengesetzen auf einer Ebene oberhalb des Gesetzes und unterhalb der Verfassung vorsehen würde. Dabei sollen auch Verfahrensanforderungen wie etwa Beschlüsse von Bundestag und Bundesrat mit qualifizierter Mehrheit[39] vorgesehen werden. Aus Gründen des Demokratiegebots muss auch dann freilich immer die Möglichkeit bestehen bleiben, derartige Grundlagengesetze mit entsprechenden Mehrheiten jederzeit wieder aufzuheben. Insgesamt können Super- bzw. Grundlagengesetze

---

37 Hier dürften nicht zuletzt die Beharrungskräfte der planenden Ministerialverwaltung eine nicht unerhebliche Rolle spielen.

38 *Kloepfer*, UPR 2007, 161 (166); *ders.*, Die Verwaltung 2008, 195 (197).

39 *Hufen,* in: Schuppert (Hrsg)., Das Gesetz als zentrales Steuerungsinstrument des Rechtsstaates, 1998, S. 11 (24 f.), der eine Regelung in Art. 79 GG oder in dessen „Umfeld" vorschlägt.

aber durchaus eine Möglichkeit zur strukturellen Ermöglichung von Langzeit-verantwortlichkeit in der bisher typisch kurzfristig handelnden Demokratie dar-stellen.

Damit schließt sich der Kreis. Demokratie ist Hoffnung. Hoffnung auch darauf, dass die in dieser Staatsform gewährte Macht auf Zeit in der Lage ist, nachhalti-ge Lösungen zu finden. Für die heute fast allgemein geforderte nachhaltige Ent-wicklung könnten Super- bzw. Grundlagengesetze ein wichtiges Instrument sein.

Kodifikationsstrategien im Datenschutzrecht, oder: Wann ist der Zeitpunkt der Unkodifizierbarkeit erreicht?

Kai v. Lewinski

Das Datenschutzrecht ist eine der großen Reformbaustellen des deutschen Rechts. Allein im Jahre 2009 hat es drei BDSG-Novellierungen gegeben, an die sich nahtlos eine weitere Novellierungsdebatte hinsichtlich des Arbeitnehmerdatenschutzes anschloss[1]. Nicht nur Rechtsanwender wünschen sich in diesem Bereich eine Verstetigung, wie sie etwa eine Kodifikation bewirken könnte. Doch wenn man sich dem Thema „Datenschutzrecht und Kodifikation" nähert, erkennt man zwei Paradoxa:

- Die Zeit der Kodifikationen ist vorbei, was an der großen Zahl von Gesetzbüchern, die wir uns in den vergangenen Jahrzehnten gegeben haben, zu sehen ist.

- Und: Das Bundesdatenschutzgesetz war eine Kodifikation gewesen, wird aber nie wieder eine sein.

A. Begriff der Kodifikation

Der Begriff der Kodifikation ist relativ[2]. Man kann auch sagen: Der Begriff der Kodifikation löst sich auf[3]. Die Anforderungen an das ordnende Zusammenfassen in einem Gesetz steigen in einer immer komplexeren Welt. Die Verrechtlichung und Verrechtstaatlichung treibt den Detailgrad von Gesetzen stetig weiter in die Höhe. Und die Logik des demokratischen Regierungssystems, das auf Kompromiss und Ausgleich beruht, macht es schwer, kurze, elegante und systematisch geschlossene Gesetzbücher vorzulegen[4]. Zudem haben zusammenfas-

---

1   Diskussionsstand zum Zeitpunkt des Manuskriptabschlusses (Dezember 2010) z.B. bei *Gola*, RDV 2010, 97ff. oder *Kramer*, DSB 5/2010, 7ff.
2   Siehe zum Kodifikationsbegriff *Brandner*, Gesetzesänderung, 2004, S. 152f.; *Meßerschmidt*, ZJS 2008, 111, 116; *v. Lewinski*, in: FS für Kloepfer, 2008, S. 1, 3f.; *Kloepfer*, Verfassungsrecht, Bd. 1, 2011, § 21 Rn. 18.
3   Klassisch *Wieacker*, in: FS für G. Boehmer, 1969, S. 409ff.
4   *Schulze-Fielitz*, JZ 2004, 862, 862; *Smeddinck/Tils*, Normgenese und Handlungslogiken in der Ministerialverwaltung, 2002, S. 259ff., insb. S. 270ff.; *Kübler*, JZ 1969, 645ff.; *Mayer-Maly*, Rechtstheorie 1982, Beiheft 4, 201ff.

sende Gesetzgebungswerke zunehmend mit dem Problem des Mehrebenensystems zu kämpfen[5].

Kaiser *Justinian* konnte den Anspruch erheben, das gesamte Recht in einem Corpus Juris zusammenzufassen. Auch das preußische Allgemeine Landrecht unternahm dies am Ende des 18. Jahrhunderts noch einmal. Aber schon nur wenige Jahre später umfasste die große österreichische Zivilrechtskodifikation nur noch das Bürgerliche Recht, also nur noch ein Teilgebiet des Rechts. Auf dieser Ebene stehen auch das deutsche Handelsgesetzbuch (HGB), das Strafgesetzbuch (StGB) und das Bürgerliche Gesetzbuch (BGB) der Kaiserzeit. Ebenfalls als Kodifikation dieser Art, jedenfalls in einem materiellen Sinne, können die Reichsjustizgesetze aus dieser Zeit angesprochen werden, daneben auch die Reichsversicherungsordnung (RVO) als Vorläuferin des Sozialgesetzbuchs (SGB) und die Abgabenordnung (AO)[6].

In der Zeit nach dem II. Weltkrieg[7] wurden in Deutschland einige weitere, auch so benannte Gesetzbücher geschaffen oder doch jedenfalls ernsthaft geplant. Die dabei kodifizierten Rechtsgebiete wurden immer kleiner. Das Sozialgesetzbuch (SGB) wollte und sollte noch ein ganzes (neues) Rechtsgebiet umfassen, ebenso das (allerdings nicht zustandegekommene) Arbeitsgesetzbuch. Das (heutige) Baugesetzbuch (BauGB) ist dagegen nur das ursprünglich (bescheidener benannte) Bundesbaugesetz und das Städtebauförderungsgesetz. Den vorläufigen Tiefpunkt der Titelinflation in Bezug auf Gesetzbücher markiert das Lebens- und Futtermittelgesetzbuch (LFGB), das nichts anderes als die „Zwangsehe"[8] des alten Lebensmittel- und Bedarfgegenständegesetzes (LMBG) mit dem Futtermittelgesetz (FuttMG) aufgrund europarechtlicher Umsetzungsnotwendigkeiten und ein bloßes kosmetisches Mittel zur Aufwertung[9] eines eher nachrangigen Bundesministeriums ist[10]. Gnädiger kann man mit dem noch schmaleren Völker-

---

5   S. unten B.I.2 (S. 110f.).
6   S. *Tipke*, JZ 1976, 703ff., dort auch zur „Neukodifikation" des allgemeinen Steuerrechts.
7   S. zum nationalsozialistischen Vorhaben eines Volksgesetzbuchs (VGB), das aber über das Entwurfsstadium von Teilen (s. *Schubert* (Hrsg.), Volksgesetzbuch, Teilentwürfe, Arbeitsberichte und sonstige Materialien, 1988) nicht hinausgekommen ist, etwa zeitgenössisch *Beyerle*, ZgS CII (1941) 209ff.; rückblickend *Mallmann*, DRZ 1946, 52ff.; *Hattenhauer*, in: FS für Gmür, 1983, S. 267ff.; *Brüggemeier*, JZ 1990 24ff.; umfassend nun *Mertens*, Rechtsetzung im Nationalsozialismus, 2009, S. 105ff.
8   *Eckert*, ZLR 2003, 667.
9   S. die (Selbst-)Einordnung der damals zuständigen Ministerin *Künast* als „Meilenstein" (PM des BMVEL Nr. 112 v. 19.5.2005, zit. bei *Meyer*, NJW 2005, 3320, 3320).
10 *Meyer*, NJW 2005, 3320, 3320; m. w. Nachw. in Fn. 6; *ders./Reinard*, WRP 2005, 1437, 1438.

strafgesetzbuch (VStGB) sein, das wahrscheinlich um seiner generalpräventiven Wirkung willen nicht auf das Attribut des „Gesetzbuches" verzichten konnte[11].

Es ist also mit einem Blick zurück festzustellen, dass die Ansprüche an das, was sich Gesetzbuch und Kodifikation nennt und nennen darf, auf ein sehr bescheidenes Maß zurückgeschraubt sind. Wenn früher das Recht eines Weltreiches oder doch wenigstens einer Nation[12] „sehr dick und weitläufig"[13] zwischen zwei Buchdeckel gebracht wurde, müssen wir uns heute mit schleppenden bis lahmenden Bücherkodifikationen[14], weniger ehrgeizigen als vielmehr vom Ehrgeiz der jeweiligen Ministerien getriebenen Kodifikationen[15] und aus eben diesen Gründen umbenannten, vormals sehr biederen Gesetzen begnügen[16].

B.   Voraussetzungen für Kodifikation

Gleichwohl ist der Ruf nach Kodifikationen nicht verklungen[17], und viele spüren nach wie vor den Beruf hierzu[18]. Es soll deshalb beleuchtet werden, unter welchen Bedingungen in unseren komplexen, schnelllebigen und demokratischen Zeiten eine Kodifikation gelingen kann: Dies sind der richtige stoffliche Zuschnitt und der richtige Zeitpunkt. Beide Punkte sind neuralgisch.

---

11   So v. Lewinski, in: FS für Kloepfer, 2008, S. 1, 1.

12   Zur Ambivalenz des Begriffs der Nation sowohl in Bezug auf Preußen als auch auf Deutschland Clark, Preußen, 2008 (Tb.), S. 445 – 447 (= ders., Iron Kingdom, 2006, S. 386f.).

13   In Anlehnung an das bekannte Urteil Friedrichs II. über den Entwurf des ALR: „Es ist aber sehr dick und Gesetze müssen kurz und nicht weitläufig sein." (zit. nach Köbler, Bilder aus der deutschen Rechtsgeschichte, 1988, S. 246).

14   Zum SGB z.B. Ramm, JJZG 9 (2007/2008), 9f.; optimistischer zum UBG insb. Kloepfer, Umweltschutzrecht, 1. Aufl. 2008, § 1 Rn. 49ff.; grundlegend nun Schärdel, Die Bücherkodifikation, 2011 [i.E.].

15   Zur Bedeutung der Rolle des Kodifikators Schärdel, Die Bücherkodifikation, 2011 [i.E.], C.I.; s.a. Kloepfer, VVDStRL 40 (1982), 63, 72; Kroppenberg, JZ 2008, 905, 909. – Zum kodifikatorischen Ruhm als Motivation v. Lewinski, in: FS für Kloepfer, 2008, S. 1, 21.

16   Wohltuend bescheiden nimmt sich dagegen der (eher französisch geprägte) Ansatz der codification auf europäischer Ebene aus, den wir im Deutschland am ehesten mit Konsolidierung (eines Normtextes) übersetzen würden (vgl. Meßerschmidt, ZJS 2008, 111, 116f.; rechtsvergleichender Überblick bei König, ZG 1999, 197ff.).

17   Siehe zusammenfassend und weiterführend Schärdel, Die Bücherkodifikation, 2011 [i.E.], D.II., zu den modernen Vorzügen einer Kodifikation.

18   Beim Zitieren des „Berufs" schwingt immer der Bezug auf den Kodifikationsstreit zu Beginn des 19. Jahrhunderts mit. Es darf aber nicht übersehen werden, dass es damals zwischen Thibaut und Savigny nicht um das Kodifizieren im heutigen, umfassenden Sinne ging, sondern um die gesetzliche Fixierung des (Zivil-)Rechts überhaupt.

I.   Zuschnitt

Der richtige stoffliche Zuschnitt ist heute nicht mehr nur eine Frage des (inneren oder äußeren) Systems eines Rechtsgebiets[19] oder eines Gesetzbuchs, sondern wird auch von anderen Kriterien bestimmt.

1.   Abgegrenztes Rechtsgebiet

Als nach wie vor notwendige Bedingung einer Kodifikation muss gelten, dass es sich um ein abgegrenztes Rechtsgebiet handelt[20]. Alle gelungenen Kodifikationen der letzten 150 Jahre haben jeweils ein in der jeweiligen Zeit als zusammengehörend betrachtetes Rechtsgebiet zum Gegenstand[21]. Dies gilt – einschließlich der grundlegenden Kodifikationen des Bürgerlichen (BGB) und des Strafrechts (StGB) – vor allem für das Handelsgesetzbuch (HGB). Auch das Sozialgesetzbuch (SGB) und das – einstweilen gescheiterte – Umweltgesetzbuch (UGB) sowie das vornehmlich noch in der politischen Debatte und auf der wissenschaftlichen Arbeitsebene verharrende Steuergesetzbuch[22] sind hierher zu zählen.

2.   Einheitliche Gesetzgebungskompetenz

Doch ist die Abgrenzbarkeit eines Rechtsgebiets alleine nicht (mehr) hinreichend. Hinzukommen muss, dass die Gesetzgebungskompetenzen einheitlich auf derselben bundesstaatlichen oder bündischen Ebene liegen[23]. Ansonsten drohen Zerreißungseffekte, und die mit der Kodifikation angestrebte umfassende und einheitliche Regelung kann nicht erreicht werden.
Veranschaulichen lässt sich das Problem etwa im Baurecht, das zwar mit dem Baugesetzbuch in der äußeren Form einer Kodifikation daherkommt, aber wegen

---

19   Grundlegend *Canaris*, Systemdenken und Systembegriff in der Jurisprudenz, 2. Aufl. 1983; zum Zusammenhang von innerem und äußerem System im Kodifikationskontext *v. Lewinski*, Deutschrechtliche Systembildung im 19. Jahrhundert, 2001, S. 2.
20   *Meßerschmidt*, ZJS 2008, 111, 116.
21   Was ein einheitliches Rechtsgebiet ist, bestimmt sich nach der rechtswissenschaftlichen und rechtstatsächlichen Anschauung der jeweiligen Zeit. Ein Rückgriff auf den *gesetzlichen* Begriff eines „bestimmten Rechtsgebiets", wie ihn § 114 Abs. 1 Nr. 4 BRAO in Bezug auf Vertretungsverbot kennt, hilft nicht weiter, weil der Umfang eines Rechtsgebiets nicht autonom aus dem Gesetz selber abgeleitet werden kann.
22   Hier ist neben den Bemühungen *P. Kirchhofs* (F.A.Z. v. 2.8.2010, S. 14; *Voß*, ZRP 2004, 33, 34) auf die Kommission Steuergesetzbuch der „Stiftung Marktwirtschaft" hinzuweisen.
23   *Schärdel*, Die Bücherkodifikation, 2011 [i.E.], E.III.1.

der bundesstaatlichen Kompetenzverteilung nur das Bauplanungsrecht, nicht aber auch das Bauordnungsrecht enthalten kann[24]. Auch das Umweltgesetzbuch scheiterte bereits 1999 schon einmal an der zunächst nicht hinreichend beachteten Frage der (umfassenden) Gesetzgebungskompetenz des Bundes[25]. – Die Auflösung zusammenhängender Gesetzgebungskompetenzen ist ferner im Verhältnis von mitgliedstaatlichem zum Europarecht zu beobachten[26]. Erwähnt sei hier nur das frühere Chemikaliengesetz (ChemG), das nach der Umsetzung der REACH-Verordnung nur noch ein Schatten seiner selbst ist und sich zu einem bloßen Ausführungsgesetz gewandelt hat. Ähnliches ist im Kartellgesetz (GWB) zu beobachten, wo die 1 zu 1-Übernahme europarechtlicher Vorgaben zu einem aus sich heraus nicht mehr verständlichen Torso geführt hat. – Das Erfordernis einheitlicher Gesetzgebungskompetenz wird auch die Erklärung dafür sein, dass es auf Landesebene keine „Gesetzbücher" gab und gibt[27], da den Ländern für keinen geschlossenen Bereich (mehr) umfassend das Recht zur Gesetzgebung zusteht[28].

3. Ressortkodifikation

Darüber hinaus hat sich in der letzten Jahren immer mehr gezeigt, dass es neben dem fachlich-sachlichen Zuschnitt und den Gesetzgebungskompetenzen auch auf die politische Zuständigkeit ankommt, insbesondere auf die ministeriellen Machtbereiche. Vor diesem Hintergrund kommt als weitere Bedingung für das Gelingen einer Kodifikation heutzutage hinzu, dass der Rechtsstoff, der zu einem Gesetzbuch werden soll, in eine einheitliche Ressortzuständigkeit fällt[29]. Man kann insoweit von einer „negativen Koordination" zwischen den Ressorts spre-

---

24 BVerfGE 3, 407, 423ff. – Baurechtsgutachten.
25 *Brandner*, in: FS für Kloepfer, 2008, S. 73, 74ff., der dies nicht ganz zu Unrecht als „kurios" bezeichnet.
26 Nicht auf die Einheitlichkeit des Gesetzgebers abstellend *Schärdel*, Die Bücherkodifikation, 2011 [i.E.], D.I.1.d.
27 Vgl. *Peine*, Kodifikation des Landesumweltrechts, 1996; s. auch die seit 1993 vom Berliner Datenschutzbeauftragten (nichtamtlich) herausgegebene Sammlung von datenschutz- und informationsrechtlichen Regelungen, die als „Berliner Informationsgesetzbuch" firmiert   „http://www.datenschutz-berlin.de/content/veroeffentlichungen/berliner-informationsgesetzbuch" (zuletzt aufgerufen am 29.03.2011).
28 Als einzige Ausnahme kann das schleswig-holsteinische Landesverwaltungsrecht gelten, was allerdings in der Kodifikationsdiskussion – soweit ersichtlich – kaum je thematisiert wird.
29 *Schärdel*, Die Bücherkodifikation, 2011 [i.E.], D.I.2.a.

chen[30]. Für dieses Phänomen ist der Begriff der „Ressortkodifikation" vorge-
schlagen worden[31].

Dies wird durch das – aus anderen Gründen gescheiterte – UGB illustriert. Dieses Gesetzeswerk hätte mit Ausnahme des Atomrechts, wofür es aber politische
Erklärungen gibt[32] – im wesentlichen die umweltrechtlichen Gesetze im Ge-
schäftsbereich des Bundesumweltministeriums zusammengefasst, darüber hinaus
aber wären keine ressortfremden Materien angetastet worden[33]. Bezeichnend
hierfür ist das verkümmerte Vierte Buch des UGB, das außer dem Verbot der
Sonnenbankbenutzung durch Minderjährige kaum Gehaltvolles enthalten hätte,
da der medizinische Strahlenschutz inhaltlich bereits im Medizinproduktegesetz
(MPG) geregelt ist[34]. – Ein weiteres Beispiel für eine Ressortkodifikation ist das
eingangs (A.) bereits erwähnte LFGB, mit dem das Verbraucherschutzminister-
um die (wenigen) in sein Bereich fallenden verbraucherschützenden Regelungen
zu einem Gesetzbuch aufwertete[35].

4.   Verbliebene Kodifikationsfelder

Kodifikationen können heutzutage also mit Aussicht auf Erfolg nur in der
Schnittmenge von einheitlichem Rechtsgebiet, Gesetzgebungskompetenz und
Ressortzuständigkeit in Angriff genommen werden. Die danach heute noch möglichen Kodifikationstypen sind die Grundlagenkodifikation, die Kerngebietskodifikation und die bereichsspezifische Kodifikation.

a)   Grundlagenkodifikation

Aufgrund der Konzentration der „klassischen" Rechtsgebiete vor allem beim
Bundesjustizministerium (Bürgerliches Recht, Strafrecht, große Teile des Prozessrechts), aber auch beim Bundesinnenministerium (z.B. [Bundes-]Verwal-

---

30   *Schulze-Fielitz*, JZ 2004, 862, 864.
31   *v. Lewinski*, in: FS für Kloepfer, 2008. S. 1, 1 Fn. 4.
32   *Kloepfer*, Umweltschutzrecht, 1. Aufl. 2008, § 9 Rn. 49.
33   *Sangenstedt*, ZUR 2007, 505, 509; *Kloepfer*, Umweltschutzrecht, 1. Aufl. 2008, § 1 Rn.
     54.
34   *Kloepfer/Jablonski*, UPR 2009, 418, 422.
35   Möglicherweise kann man das LFGB – in einem ressortpolitischen Kontext – aber auch
     als Nukleus eines Verbrauchergesetzbuchs sehen.

tungsverfahrensrecht[36]), können bestimmte Grundlagengebiete ein verlohnender Gegenstand einer Kodifikation sein. Ihnen kommt dann die Funktion eines Allgemeinen Teils für andere Teile der Rechtsordnung zu[37]. In großem Umfang sind solche Gesetzeswerke bereits geschaffen worden, insbesondere in Form des BGB für das Zivilrecht und des StGB für das Strafrecht. Ein mögliches Kodifikationsfeld könnte eine Zusammenfassung des öffentlichrechtlichen Prozessrechts, das bislang auf VwGO, SGG und FGO verteilt ist, in einer Verwaltungsprozessordnung (VwPO) sein[38], wobei allerdings gerade die Zuständigkeit verschiedener Ressorts für das Scheitern eines früheren Anlaufs ursächlich war[39].

b)   Kerngebietskodifikation

Zum anderen kann es auch noch Kerngebietskodifikationen geben, wenn der Zuschnitt eines Ressorts groß genug ist, ein systematisch zusammengehörendes Rechtsgebiet zu umfassen. Beispiele hierfür sind das Steuerrecht (AO als Mantelgesetz[40]) und das Sozialrecht mit dem Sozialgesetzbuch. Mit kleineren Abstrichen hätte dies auch für das Umweltrecht und das UGB gegolten.

c)   Bereichsspezifische Kodifikation

Neben den Grundlagen und Kerngebietskodifikationen ist noch an die sogenannten „bereichsspezifischen Kodifikationen" zu denken. Sie sind, da sie gerade nicht den Anspruch erheben, ein Rechtsgebiet *umfassend* zu regeln, keine Kodifikationen im eigentlichen Sinne. Als Bespiel für eine solche kann (wiederum) das LFGB gelten, das als „Gesetzbuch" dem (bloßen) Geräte- und Produktsicherheits*gesetz* (GPSG) als eine Spezialregelung (!) vorgeht[41].

---

36 Vgl. *v. Unruh*, NVwZ 1988, 690, 692ff. – Allerdings ist der Koordinierungsaufwand in der Simultangesetzgebung mit dem Verwaltungsverfahrensrechts der Länder (hierzu *Klappstein/ders.*, Rechtsstaatliche Verwaltung durch Gesetzgebung, 1987, S. 136-138) zu bedenken, ebenso der Zerreißungseffekt im Hinblick auf das (materielle) Verwaltungsverfahrensrecht in der AO und dem SGB X.
37 Umfassend *Schärdel*, Die Bücherkodifikation, 2011 [i.E.], G.
38 Grundlegend *Ule*, in: 42. DJT (1957), S. E 3ff.; *ders.*, DVBl. 1958, 691; zuletzt *Meyer-Ladewig*, NVwZ 2007, 1262ff.
39 *Meyer-Ladewig*, NVwZ 2007, 1262, 1263.
40 Statt aller *Birk*, Steuerrecht, 13. Aufl. 2010, Rn. 249.
41 *Schomburg*, NVwZ 2007, 1373, 1373.

II.   Richtiger Zeitpunkt

Neben dem richtigen Zuschnitt kommt es bei der Kodifikation auch auf den richtigen Zeitpunkt[42] an. In diesem Zusammenhang ist es sicher zu holzschnittartig, (nur) das 19. Jahrhundert für den richtigen Zeitpunkt für eine Kodifikation zu halten[43]. Jedenfalls aber hat die Geschichte gezeigt, dass sich für Kodifikationen manchmal ein Fenster nur für eine kurze Zeit öffnet. Dies haben alle Unterstützer des UGB (inzwischen) schmerzlich erfahren müssen[44]. Aber auch schon im 16. Jahrhundert wurde etwa der Zeitpunkt für eine (gesamteuropäische) Zivilrechtskodifikation in Form der Neuredaktion des Corpus Juris (unter Kaiser *Maximilian* und *Franz V.*) verpasst: Die humanistische Jurisprudenz war bei der Durchdringung des Textes zu spät, das politische Fenster hatte sich bald schon wieder geschlossen[45].

1.   Politische Einigkeit

Hinsichtlich des richtigen Zeitpunkts muss bei einer Kodifikation als einem Gesetzeswerk zunächst einmal eine entsprechende politische Gesamtkonstellation bestehen. Es muss politische Einigkeit vorhanden sein, in einer Demokratie also eine entsprechende politische Mehrheit.

Dieser politische Wille war – monarchisch – für das preußische Allgemeine Landrecht und – parlamentarisch – für das BGB vorhanden, für deutschrechtliche Alternativentwürfe zum Pandektensystem dagegen nicht[46]. Keine politische Einigkeit, vor allem wegen des Beharrens der Tarifparteien auf ihren „richterrechtlichen Besitzständen", ist dagegen etwa für ein Arbeitsgesetzbuch in Sicht[47]. Dass sich die politische Einigkeit auch auf (wasserrechtliche[48]) Kleinigkeiten beziehen muss, ist eine Erfahrung aus dem noch recht frischen Scheitern des UGB.

---

42 *Brandner*, in: FS für Kloepfer, 2008, S. 73, 91 f., weist darüber hinaus auch noch auf die Bedeutung des Zeitraums bzw. -rahmens hin.
43 *Kübler*, in: FS für Karsten Schmidt, 2009, S. 1041, 1041 f. – Diese Sichtweise hat allerdings insoweit eine gewisse Plausibilität, als der technische und gesellschaftliche Wandel bis zum Ende des 19. Jahrhunderts wesentlich langsamer war als heute (speziell im Kontext des Informations- und Datenschutzrechts *Liedtke*, Das Bundesdatenschutzgesetz, 1980, S. 5 f.).
44 Zum kodifikatorischen Fenster des Art 125b Abs. 1 S. 3 GG s. *Kloepfer*, Die Verwaltung, 2008, 195, 202; *ders.*, Umweltschutzrecht, 1. Aufl. 2008, § 1 Rn. 48.
45 *Troje*, in: FS für Heimpel, 1972, S. 110, 114; *Heger*, ZJS 2010, 29, 30.
46 Eingehend *v. Lewinski*, Deutschrechtliche Systembildung im 19. Jahrhundert, 2001.
47 *Meßerschmidt*, ZJS 2008, 111, 116.
48 *Knopp*, UPR 2009, 121, 124 f.

2.   Fachliche Durchdringung

Dass eine Rechtsmaterie fachlich durchdrungen sein muss, bevor man sie kodifiziert, ist eigentlich eine Binsenweisheit und war *Savignys* Credo im Kodifikationsstreit zu Beginn des 19. Jahrhunderts, die allerdings im rechtspolitischen Überschwang nicht hinreichend beachtet wird. Die systematische und konzeptionelle Kümmerlichkeit des SGB ist ein warnendes Beispiel dafür, ein Rechtsgebiet durch Kodifikation erst erschließen zu wollen[49].

3.   Kodifikation im „Herbst"

Insgesamt kann man wohl sagen, dass Kodifikationen im (Spät-)Herbst am besten gelingen. Das ist natürlich nicht kalendarisch gemeint, sondern bezieht sich auf die jeweilige Epoche. Dann hat sich der Rechtsstoff gesetzt, die dogmatischen Großschlachten sind geschlagen, eine (auch) äußere Ordnung hat sich etabliert. Als Beispiel sei auf das BGB verwiesen, das in der Hoch- und Spätzeit des liberalen Zeitalters dessen Menschenbild und Wirtschaftsordnung widerspiegelte[50]. Aber schon durch die Umwälzungen nach dem I. Weltkrieg, wahrscheinlich aber auch unabhängig davon, war diese Kodifikation mit der von ihr vorausgesetzten Gesellschaft der freien Gleichen durch die industrielle Massengesellschaft überholt, die Rechtsinstitute wie das AGB-Recht, die betriebliche Mitbestimmung und den Verbraucherschutz brauchte und hervorbrachte. – Eine Kodifikation gelingt also umgekehrt proportional zu ihrer Restlaufzeit.

---

49   Z.B. *Zacher*, RsDE 47 (2001), 1, 13ff.; *Thieme*, in: FS für Zacher, 1998, S. 1101ff.:
      „halbgescheitert"; wohlwollender *Waibel*, ZfS 58 (2004), 341, 351f.; kritisch in dieser
      Hinsicht auch gegenüber dem Umweltgesetzbuch *Sanden*, ZUR 2009, 3, 6ff.
50   Die diese Regel bestätigende Ausnahme ist das österreichische Allgemeine Bürgerliche
      Gesetzbuch (ABGB) v. 1811, das schon im Frühsommer des liberalen Zeitalters geschaffen wurde.

C.   BDSG als Kodifikation

Was bedeutet dies auf das Bundesdatenschutzgesetz (BDSG) gewendet?

I.   BDSG als ursprüngliche Kodifikation

Das BDSG war zu Beginn durchaus eine Kodifikation gewesen, wenn auch eine unambitionierte. Dies ist den Verfassern und Zeitgenossen allerdings kaum bewusst gewesen. Denn das BDSG war nicht als eine Kodifikation, als eine umfassende Regelung eines Rechtsgebiets konzipiert worden. Es war vielmehr die – vielleicht sogar vorauseilende[51] – Reaktion des Gesetzgebers auf ein Gefühl des Unwohlseins mit der wachsenden Datenmacht des Staates und aus der Perspektive der Zeit damit ein anlassbezogenes Gesetz des Technikrechts zum Schutz vor (persönlichkeitsrechtsgefährdenden) Folgen der Elektronischen Datenverarbeitung (EDV), die damals teilweise auch noch erst Automatisierte Datenverarbeitung (ADV) genannt wurde. Auch war die begrifflich-systematische Durchdringung dieses Rechtsgebiets bei weitem noch nicht abgeschlossen, wie die begrifflichen und materiellen Unklarheit über den Anwendungsbereich des BDSG in den 1970ern[52] und die (erst) nachträglichen Versuche einer Konstruktion der Prinzipien (etwa von *Woertge*[53]) deutlich zeigen.

Dass das BDSG zum Zeitpunkt seiner Entstehung und in seinen ersten Jahren als Kodifikation angesprochen werden kann, hat seine Ursache in den Umständen seiner Entstehung: So handelte es sich um einen der relativ seltenen Fälle des proaktiven Handelns des Gesetzgebers. Er musste bei der (erstmaligen) Regelung des Gebiets des Datenschutzes keine Rücksicht auf bereits speziellere Gesetze, auf etablierte Rechtsprechung, auf von Verbänden eingeschlagene Pflöcke und – ebenfalls bemerkenswert – auf Vorbilder aus dem Ausland nehmen[54]. Auf diesem legislativ freien Feld konnte der Gesetzgeber deshalb ohne entscheidende Widerstände eine umfassende Regelung schaffen, die mit Verwaltung und Wirt-

---

51 Um im eben (B.II.3., S. 115) gezeichneten Bild zu bleiben, kann man sagen, das BDSG stamme aus dem Herbst der Vorjahres (Zeit des Großrechners).
52 *Liedtke*, Das Bundesdatenschutzgesetz, 1980, S. 50 Fn. 89 m.w.N.
53 *Woertge*, Die Prinzipien des Datenschutzrechts und ihre Realisierung im geltenden Recht, 1984.
54 Lediglich die Datenschutzgesetze einiger Bundesländer lagen als Vorbild und Blaupause vor, die allerdings den vom BDSG ebenfalls umfassten Datenschutz der Privatwirtschaft (nicht-öffentlicher Bereich) aus kompetenzrechtlichen Gründen ausgespart hatten.

schaft die wesentlichen datenmächtigen Akteure umfasste[55]. Er unterwarf die gesamte Datenverarbeitung einer Regelung, auch wenn es zunächst durchaus noch Ausnahmen für die Verarbeitungsphase der Erhebung[56] und für nicht-dateimäßig erfasste Daten (§ 1 Abs. 2 BDSG 1977) gab[57].

II. Dekodifikation durch Volkszählungsurteil, technische Entwicklung und Bedeutungszuwachs

Das Ende des BDSG als Kodifikation kam aber schon bald mit dem Volkszählungsurteil Ende 1983. Mit dieser „Bergpredigt des Datenschutzrechts"[58] schuf das Bundesverfassungsgericht nicht nur das „Recht auf informationelle Selbstbestimmung"[59] und postulierte – hieraus folgend – einen Gesetzesvorbehalt für den Umgang mit personenbezogenen Daten (durch die öffentliche Hand)[60]. Es legte darüber hinaus fest, dass „der Gesetzgeber den Verwendungszweck *bereichsspezifisch* und *präzise*" bestimmen müsse[61]. Diese sicherlich in guter Absicht gemachte Vorgabe erwies sich als folgenreich: Das Besondere Verwaltungsrecht wurde flächendeckend mit Datenverarbeitungsermächtigungen „gepflastert". Was einerseits eine verfassungsgerichtliche Notwendigkeit war, bedeutete andererseits einen legistisch-ästhetischen Schlag ins Gesicht[62].

Vor allem aber bedeutete diese verfassungsgerichtliche Vorgabe das Ende des BDSG als Kodifikation, weil es nun aus Gründen des Verfassungsrechts nicht mehr umfassend das Datenschutzrecht regeln durfte, sondern zugunsten von bereichsspezifischen Regelungen zurücktreten musste. Insbesondere für den öffentlichen Bereich, für die Datenverarbeitung in der Verwaltung (des Bundes), war das BDSG auf eine Auffangfunktion zurückgeworfen.

---

55 *Auerhammer*, Bundesdatenschutzgesetz, 1. Aufl. 1977, Einl., Rn. 25. – Ausgenommen war (und ist, vgl. § 41 BDSG 2001) freilich die Presse (§ 1 Abs. 3 BDSG 1977); zur Geschichte dieser „datenschutzrechtlichen Leerstelle" *v. Lewinski*, in: Arndt u.a., Freiheit – Sicherheit – Öffentlichkeit, 2008, S. 196, 218.
56 Vgl. *Auernhammer*, Bundesdatenschutzgesetz, 3. Aufl. 1993, § 3 BDSG, Rn. 24
57 *Auerhammer*, Bundesdatenschutzgesetz, 1. Aufl. 1977, Einl., Rn. 31f.
58 Vgl. *Meister*, DuD 1986, 173, 175.
59 BVerfGE 65 1, 43 – Volkszählung.
60 BVerfGE 65 1, 44 – Volkszählung.
61 BVerfGE 65 1, 46 – Volkszählung (Hervorh. v. *Verf.*). – Zwar bezieht sich diese Aussage aus dem Urteil unmittelbar nur auf den „Zwang zur Abgabe personenbezogener Daten". Doch zeigen der übernächste Satz im Urteil und der Beginn des dann folgenden Absatzes, dass das BVerfG hiermit eine allgemeine Aussage machen wollte.
62 S. *Petersen*, Grenzen des Verrechtlichungsgebots im Datenschutz, 2000.

Im nicht-öffentlichen Bereich, also dem Bereich der Privatwirtschaft, konnten sich noch einige Spezialregelungen halten, insbesondere etwa zum Adresshandel (§§ 31 ff. BDSG 1977; § 29 BDSG 1990/BDSG 2001).

Damit aber nicht genug: Nicht nur das Volkszählungsurteil kam über das BDSG als Kodifikation, sondern auch noch der technische Fortschritt: Die neuen Möglichkeiten der Telekommunikation und das Internet traten auf den Plan. Dies brachte neben den Möglichkeiten einer vernetzten Gesellschaft auch neue Gefährdungen für das Persönlichkeitsrecht. Und auch hier reagierte der deutsche Gesetzgeber (wieder) schnell und schuf im Rahmen des Informations- und Kommunikationsdienstegesetzes (IuKDG) und unter der politischen Verantwortung des (damals so genannten) Zukunftsministers *Jürgen Rüttgers* das – jedenfalls nach eigener Einschätzung – weltweite erste Internetgesetz. In guter Tradition zu den bisherigen bereichspezifischen datenschutzrechtlichen Sondervorschriften wurde das Internetdatenschutzrecht im TDDSG (jetzt §§ 11-15a TMG) als bereichsspezifisches Gesetz geregelt[63]. Ähnliches gilt für den ebenfalls im Rahmen einer bereichsspezifischen Regelung normierten Telekommunikationsdatenschutz[64].

Beide bereichsspezifischen Regelungen der „Neuen Medien" sparten ihrerseits aber die sogenannten Inhaltsdaten aus[65], also diejenigen Daten, die mittels Telekommunikation oder über einen Telemediendienst (vulgo: das Internet) übermittelt werden. Es handelt sich also jeweils nicht um *umfassende* bereichsspezifische Regelungen.

Was dabei – sicher auch wegen der Ressortlogik: *Rüttgers* stand dem Wirtschaftsministerium vor, die Zuständigkeit für das (allgemeine) Datenschutzrecht liegt beim Innenressort – allerdings nicht beachtet wurde, ist, dass es sich beim Internet – das wissen wir jedenfalls heute – nicht um ein bereichsspezifisches Phänomen handelt, sondern um eine allgegenwärtige Datenverarbeitungstechnik. Sie hätte der verbliebenen Bedeutung und Funktion des BDSG entsprechend in dieses eingeordnet werden müssen. Mit dem IuKDG hat das BDSG also auch noch seine Funktion als Kerngebiets- bzw. Grundlagenkodifikation verloren. Die größte Näherung des BDSG an moderne Datenverarbeitungsumstände ist nach

---

63 *Engel-Flechsig*, in: ders./Maennel/Tettenborn, Informations- und Kommunikationsdienstegesetz, 2001, Einf. TDDSG, Rn. 28-30.

64 Allerdings handelte es sich beim Telekommunikationsdatenschutz um eine Fort- und Umschreibung des Post-Nutzer-Verhältnisses, das (öffentlichrechtlich) seit jeher bereichsspezifisch existiert hatte (Abriss bei *Rieß*, Regulierung und Datenschutz im europäischen Telekommunikationsrecht, 1996, S. 178-296).

65 Hierzu der rechtspolitische Vorschlag von *Weichert*, DuD 2009, 7ff.

wie vor das „automatisierte Abrufverfahren" in § 10 BDSG, das aber schon terminologisch den Muff der siebziger Jahre atmet.

Kodifikatorisch war das IuKDG ein doppeltes Versagen: Zum einen ist jede bereichsspezifische Regelung ein Schlag gegen die Kodifikation. Doppelt schwer wiegt dieser, wenn das, was bereichsspezifisch kodifiziert worden ist, gar nicht bereichsspezifisch ist, sondern als allgemeines Phänomen ausdrücklich in die Kodifikation gehören würde.

Schließlich noch geriet das Arbeitnehmerdatenschutzrecht in den politischen Fokus. Es war bislang im BDSG nicht ausdrücklich angesprochen und bestand in weiten Teilen aus Richterrecht. Verschiedene „Datenschutzskandale" im Jahre 2009 führten dann aber dazu, spezifisch beschäftigtendatenschutzrechtliche Regelungen in das BDSG aufzunehmen. Im Jahr 2009 wurde in den (freigewordenen) § 32 BDSG in drei Absätzen ein Digestum des Arbeitnehmerdatenschutzes aufgenommen. Dieser firmierte allerdings nur als Platzhalter und Nukleus, denn schon im nächsten Jahr wurde eine umfangreiche Kodifizierung des Beschäftigtendatenschutzes in Angriff genommen, die inzwischen das Stadium eines vom Bundestag behandelten Regierungsentwurfs erreicht hat[66]. In dreizehn oder vierzehn Paragraphen entsteht nun wie ein junger Schössling in einem morschen Baum – ein in sich geschlossenes Arbeitnehmerdatenschutzrecht innerhalb des alten BDSG[67].

Die kodifikatiorische Kraft des BDSG scheint also an ihr Ende gekommen zu sein; es kann (und darf) weder bereichsspezifische Regelungen verhindern, noch kann es eine einem eigenen System und einer fremden, nämlich arbeitsrechtlichen Binnenlogik folgende „Kodifikation in der Kodifikation"[68] verhindern[69].

D.   Kodifikationsstrategien für das Datenschutzrecht

Wie also kann eine Kodifikation des Datenschutzrechts überhaupt noch aussehen? Die Ressortzuständigkeiten auf der Bundesebene etwa für das TK- und In-

---

66   Vgl. BT-Drucks. 17/4230; s.a. die Nachw. in Fn. 1.
67   Die Bundesjustizministerin hat insoweit auch anerkannt, dass es sich dabei um „kein Gesamtkunstwerk" handelt (zit. in F.A.Z. v. 21.10.2010, S. 6).
68   Wedde, NJW-aktuell 37/2010, 12, 12: „in sich geschlossene Regelung".
69   Hingewiesen sei nur auf die nur für den Arbeitnehmerdatenschutz relevante Definition des „Beschäftigten" in § 3 Abs. 11 BDSG und die Ausweitung des Anwendungsbereichs auch auf nicht-automatisierte Dateien (im nicht-öffentlichen Bereich) aufgrund von § 32 Abs. 2 BDSG.

ternetdatenschutzrecht liegen nicht beim an sich federführenden Innenministerium, sondern beim Wirtschaftsressort. Die Kompetenzen sind auch auf Bund und Ländern verteilt[70]; insbesondere beim Datenschutz der Sicherheitsbehörden als dem rechtspolitisch wichtigsten Gebiet sind Bund (Strafrechtspflege) und Länder (Gefahrenabwehr) zu gleichen Teilen zuständig. Zudem wird das Datenschutzrecht immer stärker europäisiert. – Nach den oben aufgestellten Kriterien ist dies also eine denkbar schlechte Ausgangssituation für ein Kodifikationsvorhaben.

Hinzu kommt, dass man sich nach wie vor über die dogmatische Gestalt des (verfassungsrechtlichen) Datenschutzrechts nicht im Klaren ist. Wortungetüme wie schon das „Recht auf informationelle Selbstbestimmung" und nun das „Grundrecht auf Gewährleistung der Vertraulichkeit und Integrität informationstechnischer Systeme" illustriert dies mehr, als sie es verdecken können. Wir denken immer noch in Kategorien von *Daten*, wo wir doch *Informationen* meinen und wahrscheinlich über *Wissen* sprechen wollen. Angesichts der noch unausgegorenen Konzepte des Informationsrechts und des für eine Informationsgesellschaft offensichtlich unpassenden Konzepts des datenschutzrechtlichen „Verbots mit Erlaubnisvorbehalt" (vgl. § 4 Abs. 1 BDSG) kann auch von einem Zustand der Kodifikationsreife nicht gesprochen werden. Das BDSG hat also in beiderlei Hinsicht einen Zustand der Unkodifizierbarkeit erreicht.

Gibt es Aussicht auf Besserung? Wenn nun eine Re-Kodifizierung des Datenschutzrechts, jedenfalls auf einem systematisch und konzeptionell befriedigenden Niveau nicht möglich erscheint, stellt sich die Frage nach Alternativen. Eine Antwort haben *Michael Kloepfer* und *Friedrich Schoch* zusammen mit *Hansjürgen Garstka* zu geben versucht: den Einbau des BDSG in ein Informationsgesetzbuch (IGB)[71]. Weil wir uns aber informationsrechtlich noch im wechselhaften Wetter des Aprils und noch nicht im Herbst befinden, scheint mir dieser Ansatz unzeitgemäß, dies allerdings im besten Sinne, nämlich seiner Zeit voraus.

Bis die Zeit für ein IGB gekommen ist, können wir das BDSG auch als Torso, Trümmerhaufen und Trostpreis weiter mit uns in unseren Gesetzbücher herum-

70 BT-Drucks. 7/1027, S. 16; *Liedtke*, Das Bundesdatenschutzgesetz, 1980, S. 120f.; *Taeger/Schmidt*, in: Taeger/Gabel, Kommentar zum BDSG, 2010, Einf., Rn. 5-7; *Auernhammer*, Bundesdatenschutzgesetz, 3. Aufl. 1993, Einl., Rn. 30ff.; *Simitis*, in: Simitis, Bundesdatenschutzgesetz, 6. Aufl. 2006, § 1 Rn. 6.
71 Hierzu *Kloepfer*, K&R 1999, 241ff.; vgl. auch *Sydow*, NVwZ 2008, 300ff. – Weniger ambitionierte, im wesentlichen nur auf das Internet bezogen sind die Vorschläge eines Internetgesetzbuchs (NetGB) der vormaligen Bundesjustizministerin *Zypries* (F.A.Z. v. 7.4.2010, S. 4) und der Vorschlag eines Codex Digitalis (Sommerakademie des ULD 2010, https://www.datenschutzzentrum.de/sommerakademie/2010).

schleppen und es mehr schlecht als recht am Übergang zur Wissensgesellschaft herumstehen lassen.

Vorzugswürdig aber erscheint mir, den mutigen Schritt von der gescheiterten und in sich zusammengesunkenen Kodifikation hin zur Dekonstruktion des Datenschutzrechts, zur Dekodifikation, zu machen. Den Rechtsstoff, den man zu früh zu einem Kodifikat zusammengefügt hat, sollte man nicht mühsam, ja krampfhaft zusammenhalten, sondern wieder auseinandersortieren und in andere Gesetzeswerke einordnen[72]. Hier bieten sich für das Datenschutzrecht im öffentlichen Bereich das VwVfG[73], für den Verbraucherschutz das BGB[74], für das Scoring (§ 28b BDSG) das KWG und für das Arbeitnehmerdatenschutzrecht ein eigenständiges Gesetz[75] an.

E. Grenze der Kodifizierbarkeit

Das Bundesdatenschutzgesetz ist ein Lehrstück für die Voraussetzungen der Kodifizierbarkeit in heutiger Zeit, aber auch für deren Grenzen. Es zeigt sich an diesem Beispiel, dass es für eine geschlossene Zusammenfassung eines Rechtsgebiets insbesondere auf den Zeitpunkt ankommt. Es hat sich aber auch gezeigt, dass dieser Zeitpunkt verpasst werden kann. Und dies nicht etwa nur in der Hinsicht, dass eine Kodifikation zu spät kommen, sondern auch, dass sie zu früh in Angriff genommen werden kann.

Neben dem – meist nach politischen Gesichtspunkten zu bestimmenden – Zeitpunkt ist auch die – rechtswissenschaftlich determinierte – fachliche Durchdringung entscheidend. Ein dauerhafter Erfolg ist einem Kodifikat nur dann beschieden, wenn beides zusammenfällt. Eine (zunächst) politisch gelungene Kodifikation kann bei nur unvollkommener dogmatischer Ausbildung eines Rechtsgebiets später zu einem Hemmschuh der wissenschaftlichen und auch rechtspolitischen Entwicklung werden. – Es ist dem Datenschutzrecht als Rechtsgebiet deshalb zu wünschen, dass die Fesseln der verfrühten Kodifikation bald gelöst werden.

---

72 So schon *Meister*, DuD 1986, 173, 176f.
73 Eine Integration des Datenschutzrechts für den öffentlichen Bereich in das VwVfG steht derzeit aber nicht auf der politischen Tagesordnung (vgl. *Beirat Verwaltungsverfahrensrecht*, NVwZ 2010, 1078f.).
74 Vgl. den Vorschlag des hamburgischen Justizsenators v. 19.1.2009 (http://www.hamburg. de/datenschutzinitiative); dazu *Abel*, RDV 2009, 51, 52f.
75 Eine selbständige Regelung des Arbeitnehmerdatenschutzes favorisiert etwa auch der Arbeits- und Sozialausschuss des Bundesrates (Beschlussempfehlung Nr. 1 lit. b (BR-Drucks. 876/2/10 v. 25.10.2010).

Vertrauen in der Gesetzgebung

Claudio Franzius

A.   Einführung

Thilo Brandner konnte man vertrauen. In der Vertrautheit im Umgang mit dem Menschen und leidenschaftlichen Lehrer, der auf jede Frage eine Antwort wusste, entstand das keineswegs selbstverständliche Klima, das Wissenschaft, will sie nicht im Elfenbeinturm betrieben werden, braucht. Im Folgenden möchte ich der Frage nachgehen, ob es ein über das geschilderte Näheverhältnis hinausgehendes Vertrauen gibt. Wird Vertrauen nur Personen geschenkt oder auch einer Institution? Und, so wollen wir fragen, gibt es ein Vertrauen, das für die Rechtswissenschaft relevant werden könnte? Diese drei Fragen beziehen sich auf einen knappen Abriss zur politischen Semantik (B), begrifflichen Systematik (C) und zum Nutzen des Vertrauens für die Rechtswissenschaft (D).

B.   Politische Semantik

Wissenschaftshistorisch ist das Vertrauen zu Menschen lange Zeit im Grunde nebensächlich. Im Vordergrund steht das Vertrauen in Gott, das Gottvertrauen. Zum Adressat menschlichen Vertrauens wird nicht der andere Mensch, sondern Gott. Auf diese Weise wird das „jemandem vertrauen" zum Substantiv und damit theoriefähig.[1]

Wichtig in diesem Zusammenhang ist, dass sich das Vertrauen von seinem engen Bezug zur Familie, zur Freundschaft und zu sozialen Beziehungen löst.[2] Es wird als gesteigerter Grad von Erwartungen und Zuversicht abstrahiert, bekommt eine vertikale Stoßrichtung und wird auf politische Verhältnisse bezogen.[3] Zu nen-

---

1   Dazu und zum folgenden *Ute Frevert*, Vertrauen – eine historische Spurensuche, in: dies. (Hrsg.), Vertrauen, 2003, S. 7 (14 ff.); *dies.*, Wer um Vertrauen wirbt, weckt Misstrauen, Merkur 63 (2009), S. 21 ff.
2   Zur Bedeutung von Vertrauen als Grundlage für den sozialen Zusammenhalt *Shmuel N. Eisenstadt*, Vertrauen, kollektive Identität und Demokratie, in: Hartmann/Offe (Hrsg.), Vertrauen, 2001, S. 333 (338 ff.).
3   Das Hauptproblem ist die Fähigkeit zur Verallgemeinerung von Vertrauen in der Verbindung zwischen dem horizontal generierten sozialen Vertrauen und politischem Vertrauen:

nen ist hier natürlich *John Locke* mit seiner Regierungslehre, die konzeptionell auf politischen *Trust*-Beziehungen aufbaut.[4] Die traditionellen Bindungen an den König treten hinter das direkte Vertrauensverhältnis des Volkes zum Parlament zurück. Aufgrund der Nähe zwischen Repräsentierten und Repräsentanten war die politische Vertrauensbasis zunächst stabil. Doch mit der Erweiterung des Wahlrechts über die Besitzenden hinaus wurde auch das *government by trust* in Frage gestellt, was eine Radikalisierung der Repräsentation zur Folge hatte. Nun wird das Parlament als Treuhänder oder als *trustee* des ganzen britischen Volkes betrachtet, obwohl ihm tatsächlich nur eine kleine Gruppe von Wahlberechtigten das Vertrauen geschenkt hatte.

Auf dem Kontinent wurde zwar auch von Vertrauen gesprochen. Der Sache nach ging es jedoch um etwas anderes. Die politische Macht lag nicht im Parlament, sondern in der Hand des Monarchen, dem gerade keine Herrschaftsbefugnisse auf Zeit *anvertraut* wurden. Vielmehr wurde er in der Herrschaftsausübung rechtsstaatlich *gebunden*. Bis zum Ende des Kaiserreichs – dieses Erbe lastet auf der Demokratie – ging es um ein voraussetzungsloses, im Grunde blindes Vertrauen, damit aber gerade nicht um *trust* und *confidence*, sondern um Treue und Gehorsam. Das Vertrauen verkümmert zum Unterwerfungsritual.[5]

Erst allmählich löste sich das Vertrauen von dem Wortfeld, das mit Treue, Liebe und Verehrung die traditionelle Haltung des Untertanen zur monarchischen Obrigkeit bezeichnete. Anders als Treue, die einmal geschworen und eidlich bekräftigt, lebenslang band und nicht gebrochen werden durfte, wird Vertrauen geschenkt und entzogen, je nach den politischen Umständen. Das Vertrauen ist nicht bloß wie das Recht kontingent, es ist flüchtig.

Deshalb scheint es englisches Gedankengut bis heute schwer zu haben, in der deutschen Staatsrechtslehre Fuß zu fassen. Erinnert sei nur an die Bemühungen *Rudolf von Gneists*.[6] Lesenswert ist auch die Frankfurter Antrittsvorlesung von *Wilhelm Hennis* aus dem Jahre 1961. Hier heißt es zum Amtsgedanken in der repräsentativen Demokratie unter Berufung auf die *Federalists:*[7]

Robert Putman, Bowling alone: The Collapse and Revival of American Community, 2000, S. 134 ff.

4 *Locke*, The Second Treatise of Government (1689), hrsg. v. Thomas P. Peardon, 1952, S. 81 ff.; dazu *John Dunn*, The concept of 'trust' in the politics of John Locke, in: Rorty u.a. (Hrsg.), Philosophy in History, 1984, S. 279 ff.

5 Das ist die Leitthese von *Frevert* (FN 1), S. 24 u passim. Ich schließe mich ihr an.

6 Näher *Christoph Schönberger*, in: FS 200 Jahre Juristische Fakultät der HU Berlin, 2010, S. 241 ff.

7 *Hennis*, Amtsgedanke und Demokratiebegriff, in: FS Smend, 1962, S. 52 (55 f.).

„Vertrauen ist die seelische Grundlage der repräsentativen Demokratie, und alle politischen Auseinandersetzungen in ihr sind weniger Kampf um Willen und Macht als um Vertrauen."

Verarbeitet wurden diese Ansätze in der Folgezeit nicht, jedenfalls nicht von der Rechtswissenschaft. In den Vordergrund der nicht-positivistisch argumentierenden Ansätze tritt vielmehr der nicht minder große Verantwortungsbegriff.[8] Das Vertrauen als Voraussetzung von Verantwortung zu thematisieren überlässt die Rechtswissenschaft ihren Nachbarwissenschaften.[9]

Jedoch ist das nur die halbe Wahrheit, wie der Blick in die deutsche Verfassungsgeschichte zeigt. Anschaulich kommt das 1848 im plastischen Begriff des Vertrauensstaates zum Ausdruck, dem ein erstarktes Staatsbürgertum gegenüber gestellt wurde. Der König konnte sich auf die Treue seiner Untertanen nicht mehr verlassen. Das Vertrauen, das ihm die Untertanen bieten, wird an Bedingungen geknüpft, allen voran die Einhaltung der konstitutionellen Garantien. In der preußischen Nationalversammlung hieß es:

„Im Allgemeinen hat man in dem früheren Staat immer vom Volke Vertrauen verlangt. Jetzt kann es wohl so weit sein, dass das Volk nach oben hin Vertrauen erwarten und verlangen darf."[10]

Im Übergang zum parlamentarischen System stellte sich Vertrauen als ein ausgesprochen kostbares und schwer zu erlangendes Gut dar. Die Rhetorik des Vertrauens konnte nicht verdecken, dass im Normalfall der obrigkeitsstaatlichen Erwartung von Treue mit der unmissverständlichen Negation des Vertrauens, also Misstrauen begegnet wurde. Das im Vertrauen immer schon mitgedachte Misstrauen findet seinen Niederschlag in der Verkoppelung von Vertrauensfrage und Misstrauensvotum, zunächst in Weimar, später unter dem Grundgesetz.[11]

---

8   Vgl. *Horst* Dreier, Verantwortung im demokratischen Verfassungsstaat, in: Neumann/ Schulz (Hrsg.), Verantwortung in Recht und Moral, ARSP-Beiheft 74 (2000), S. 9 ff.; *Udo Di Fabio*, FAZ v. 2.5.2002, S. 10; krit. *Hans Christian Röhl*, Verantwortung als dogmatischer Begriff?, Die Verwaltung, Beiheft 2 (1999), S. 33 ff.

9   Statt vieler *Niklas Luhmann*, Vertrauen, 1968; *Robert D. Putman*, Making Democracy Work, 1993; *Piotr Sztompka*, Trust. A Sociological Theory, 1999; *Russell Hardin*, Trust and Trustworthiness, 2002; *Gary S. Schaal*, Vertrauen, Verfassung und Demokratie, 2004; Hartmann/Offe (Hrsg.), Vertrauen: Die Grundlagen des sozialen Zusammenhalts, 2001; Schmalz-Bruns/Zintl (Hrsg.), Politisches Vertrauen: soziale Grundlagen reflexiver Kooperation, 2002.

10   Zitat bei *Frevert* (FN 1), S. 26.

11   Art. 67, 68 GG. Zur Sonderform der auflösungsgerichteten Vertrauensfrage *Tobias Herbst*, Der Staat 45 (2006), S. 45 ff.

Der rechtsstaatliche Entwicklungspfad, den die Kategorie des Vertrauens unter dem Grundgesetz nahm, findet seinen zentralen Ausdruck im zuweilen übersteigerten Vertrauensschutz bei der Rücknahme begünstigender Verwaltungsakte, was nicht konfliktfrei mit dem Europarecht in Einklang gebracht werden konnte.[12] Aber auch die Frage nach dem Vertrauen in der Gesetzgebung wurde weniger von der Institution aus betrachtet, also nicht gefragt, inwieweit der Gesetzgeber ein Vertrauen der Gesetzesadressaten erwarten darf. Ganz im Vordergrund steht der Gehorsam des Gesetzesunterworfenen, dem die Gesetzesbindung der Verwaltung – in einer methodisch heute merkwürdig anmutenden Weise[13] – korrespondiert. Die Vorstellung, dass der Gesetzgeber auf gesellschaftliche Problemlösungen vertrauen könne und vielleicht auch muss, ist trotz seiner liberalen Wurzeln erst neueren Ursprungs, hervorgetreten in der Thematisierung des Gewährleistungsstaates mit allen seinen Ambivalenzen.[14]

Viel stärker beschäftigt die Staatsrechtslehre die umgekehrte Frage, also die Frage, inwieweit die Bürger in den Bestand von Gesetzen vertrauen dürfen. Zur rechtsstaatlichen Bändigung des Gesetzgebers wurden eine Vielzahl von Mechanismen entwickelt. Ob es Übergangsregelungen oder Grundlagengesetze[15] sind, Evaluations-, Beobachtungs- und Nachbesserungspflichten entwickelt werden[16] oder eine faktische Bindung über die Legislaturperiode hinaus[17] erwartet wird: Sie waren und sind darauf angelegt, den politischen Willen an die Rationalität der Vernunft zu binden und die demokratische Ruptur erträglich zu halten. Oder zugespitzt: Wir bemühen uns um eine dogmatische Ausformung rechtsstaatlicher Kontinuität, aber zu wenig um die Verarbeitung der Einsicht in demokratische

12 EuGH Rs. C-24/95 *Alcan*, Slg. 1997, I-1591.
13 Vgl. *Ralph Christensen/Hans Kudlich*, Gesetzesbindung: Vom vertialen zum horizontalen Verständnis, 2008; *Hans-Heinrich Trute*, Die konstitutive Rolle der Rechtsanwendung, in: ders./Groß/Röhl/Möllers (Hrsg.), Allgemeines Verwaltungsrecht – Zur Tragfähigkeit eines Konzepts, 2008, S. 211 (213 ff.).
14 Näher *Franzius*, Gewährleistung im Recht, 2009, S. 202 ff.
15 Vgl. *Kloepfer*, in diesem Band, S. 101ff.
16 BVerfGE 88, 203 (310); 103, 44 (75 ff.). Wo der Gesetzgeber prognostische Annahmen zugrundelegt, wird er für verpflichtet gehalten, die tatsächliche Entwicklung zu beobachten und zu prüfen, ob „seine Prämissen auch vor der Wirklichkeit" bestehen: BVerfGE 107, 150 (179 f.); krit. *Stefan Huster*, Die Beobachtungspflicht des Gesetzgebers, ZfRSoz 24 (2003), S. 3 (17 ff.); *Ino Augsberg/Steffen Augsberg*, Prognostische Elemente in der Rechtsprechung des Bundesverfassungsgerichts, VerwArch 98 (2007), S. 290 (303 ff.).
17 Diese Hoffnung ist der Kodifikation eigen. Eine überzeugende Kodifikation, wie sie mit dem Referentenentwurf für ein Umweltgesetzbuch vorgelegt wurde, bindet nachfolgende Gesetzgeber nicht rechtlich, sondern politisch. Die „Kunst" besteht darin, hinreichend anpassungsoffene Regelungen zu treffen, um europa- und völkerrechtliche Vorgaben verarbeiten zu können.

Diskontinuität. Dabei droht vergessen zu werden, dass eine Gesellschaft ein Vertrauen in den Gesetzgeber nur investieren wird, wenn diesem die Möglichkeiten der rechtlichen Zukunftsgestaltung nicht versperrt sind.[18]

Das ließe sich am Beispiel des Umweltrechts veranschaulichen. Verschiedentlich wurde angenommen, das kooperativ vereinbarte Handeln sperre einseitig hoheitliches Handeln in der Zukunft.[19] Dass der neue Gesetzgeber auf der Basis einer neuen, über den Wahlakt vermittelten Legitimation schlecht an Entscheidungen des alten Gesetzgebers gebunden sein kann, ist noch immer, zumeist hinter scheinbar fachlichen Notwendigkeiten versteckt, keineswegs selbstverständlich und übersieht, dass mit der Verkleinerung des Raums politischer Verantwortlichkeit auch der Sache nur selten gedient sein dürfte.[20]

C. Systematik des Vertrauens

Uns interessiert nicht die rechtsstaatliche, sondern die demokratische Dimension von Vertrauen. Vertrauen ist eine wesentliche Bedingung für Demokratien. Wir haben gesehen, dass Vertrauen nicht einfach auf familiäre oder freundschaftliche Beziehungen beschränkt ist, wo es sozialpsychologisch untersucht werden kann.[21] Überwiegt das Misstrauen in den Staat und seine Gesetzgebung, gerät die Herrschaftsausübung in eine Legitimitätskrise. Weil nach dem Ende des Kaiserreichs unter den „Weimarer Verhältnissen" die Demokratisierung des Staates nicht wirklich angenommen wurde, konnte das monarchische Treueverhältnis nur schwer in ein republikanisches Vertrauensverhältnis umgewandelt werden. Nicht der voraussetzungslose *Glauben*, sondern das durchaus voraussetzungsvolle, verfahrensrechtlich abgesicherte und lediglich auf Zeit geschenkte *Vertrauen* und die Vertrauenswürdigkeit[22] des Institutionengefüges machen heute zu einem guten Teil die Persistenz politischer Systeme aus und beeinflussen nicht nur für

---

18 Siehe aber *Kloepfer*, in diesem Band, S. 93f.
19 Zu weit *Udo Di Fabio*, Der Ausstieg aus der wirtschaftlichen Nutzung der Kernenergie, 1999, S. 42 und die nicht fortgeführte Rechtsprechung in BVerfGE 98, 83 *Landesabfallabgaben* und BVerfGE 98, 106 *kommunale Verpackungssteuer*. Zur Kritik *Franzius*, AöR 126 (2001), S. 403 (422 ff.).
20 Laufzeitverlängerungen für Atomkraftwerke mögen ein juristisches Problem darstellen, insbesondere mit Blick auf das von den Ländern beanspruchte Zustimmungserfordernis des Bundesrates. Aber der Bundesregierung wird kaum das Recht bestritten werden können, einen politischen Konsens mit der sie tragenden parlamentarischen Mehrheit aufzukündigen.
21 Vgl. *Martin Schweer*, Interpersonales Vertrauen, 1997.
22 Zu dieser Unterscheidung *Russell Hardin*, Trustworthiness, Ethics 107 (1996), S. 26 (28).

Kommunitaristen[23] ihre demokratische Performanz.[24] Für eine systematische Betrachtung seien drei Aspekte hervorgehoben:

I. Horizontale Dimension

Neben der geschilderten vertikalen gibt es ungeachtet aller Unterschiede im Detail eine horizontale Dimension des Vertrauens. Der einzelne vertraut oder misstraut nicht bloß dem politischen System bzw. deren Amtsträgern. Die epochale Leistung der Moderne, den Verzicht auf Gewalt im Repräsentationsprinzip zu stabilisieren, konnte nur gelingen, weil die unterlegene Minderheit darauf vertrauen *darf*, in Zukunft zur Mehrheit gehören zu *können*. Woher, so lautet die in Deutschland gern überhöhte Frage, woher speist sich dieses Vertrauen? Bemerkenswert ist, dass die Staatsrechtslehre gerade diese Frage nicht an die Soziologie überweist, sondern selbst zu beantworten sucht, sei es in Gestalt der berüchtigten Homogenitätsanforderungen *Carl Schmitts*[25] oder im Hinweis auf die gemeinsame Identität, neuerdings gekoppelt mit einem subjektiven Recht auf eine Identitätskontrolle durch das Bundesverfassungsgericht.[26]

Mag in der vertikalen Hinsicht das parlamentarische System auch mit guten Gründen von institutionalisiertem Misstrauen[27] geprägt sein, so fragt sich doch, ob es zur Legitimationsbeschaffung ausreicht, die Herrschaftsausübung allein auf den Wahlakt und ein System wechselseitiger Kontrollen zu stützen. Vieles spricht dafür, dass eine demokratische Gesellschaft *auch* auf dem horizontalen Bürgervertrauen basiert, das sich durch freie Kommunikation konstituiert.[28] Das

---

23 Zur Debatte *Rainer Forst*, Kontexte der Gerechtigkeit, 1994. Ob Kommunitarismus oder republikanisches Tugendmodell: Hier spielt das Vertrauen für die Konzeptualisierung der politischen Ordnung eine größere Rolle als im Gegenmodell des hegemonialen Liberalismus.

24 *Schaal* (FN 9), S. 155 ff. mit Unterschieden in der demokratietheoretischen Modellierung.

25 *Schmitt*, Verfassungslehre, 1928, Nachdruck 1957, S. 231 f.; zur Kritik am Homogenitätsbegriff *Felix Hanschmann*, Der Begriff der Homogenität in der Verfassungslehre und der Europarechtswissenschaft, 2008. Abgeschwächter das zu einem Lieblingszitat der Feuilletons avancierte Diktum von *Böckenförde*, wonach der freiheitliche Staat von Voraussetzungen lebe, die er selbst nicht garantieren könne.

26 BVerfGE 123, 267 Rn. 179, 240 f., 332; krit. *Schönberger*, JZ 2010, 1160 ff.

27 Vgl. *Sztompka* (FN 9), S. 139 ff.

28 Zum Paradox liberaler Demokratien, durch institutionalisiertes Misstrauen ein Vertrauen möglich zu machen und zu sichern: *Sztompka* (FN 9), S. 130 ff.; *Gerhard Göhler*, Stufen des politischen Vertrauens, in: Schmalz-Bruns/Zintl (Hrsg.), Politisches Vertrauen, 2002, S. 221 ff.

erklärt die herausragende Bedeutung des Zensurverbotes, aber auch den hohen Wert der Kommunikationsgrundrechte im Grundgesetz. Erst diese Freiheitsgewährleistungen, die nicht einfach auf die bipolare Abwehr staatlicher Bevormundung verkürzt werden dürfen, erlauben es den Menschen, zueinander ein inneres Vertrauen aufzubauen, dass eine repräsentative Demokratie trägt. Ja und noch mehr, in den Worten von *Claus Offe:* Erst das horizontale Vertrauen der Bürger untereinander schafft eine Bedingung dafür, dass das Phänomen vertikaler Herrschaft entsteht und Bestand haben kann.[29] So gesehen, lässt sich die Entstehung des modernen Staates nicht pauschal als die Antwort auf die Konfessionskriege begreifen, sondern auch als das Produkt wechselseitigen Vertrauens interpretieren, das im Gewaltverzicht einer Zivilgesellschaft zum Ausdruck kommt.[30]

II.   Systemvertrauen

Natürlich lässt sich fragen, ob die Bürger noch hinreichend soziales Vertrauen füreinander aufbringen, um den Staat von Integrationsleistungen zu entlasten. Im Zuge der Individualisierung wird Vertrauen immer weniger Mitbürgern und immer stärker formalen Institutionen entgegengebracht, was die Frage aufwirft, worauf sich Vertrauen eigentlich bezieht. *Anthony Giddens* spricht vom gesichtsabhängigen Vertrauen, also einem *face-to-face* Vertrauen, das wir Menschen, aber nicht Institutionen schenken und gegebenenfalls wieder entziehen.[31] Man kann dann allerdings mit *Carlo Schmid* alle Forderungen nach persönlicher Glaub- oder Vertrauenswürdigkeit hinterfragen.[32] Ihm zufolge habe Demokratie etwas mit Selbstvertrauen zu tun, nicht aber mit dem überkommenen Vertrauen auf einen starken Präsidenten oder Kanzler. Mit anderen Worten: Wenn wir Vertrauen nur auf Gesichter und Personen beziehen können, macht unsere Fragestellung keinen Sinn: Ein Vertrauen in das Gesetzgebungsverfahren kann es dann ebensowenig geben wie Vertrauen als Gegenstand (verfahrens-)rechtlicher Generierung.

Aber *Giddens* hat auch ein gesichtsunabhängiges Vertrauen als Kategorie eingeführt, die sich auf nicht-personale Systeme wie die Banken, Märkte oder die

---

29   *Offe*, Demokratie und Wohlfahrtsstaat, in: Streeck (Hrsg.): Internationale Wirtschaft, nationale Demokratie, 1998, S. 99 (104); *Franzius*, Warum Governance?, KJ 2009, 25 (34).

30   Zur Staatlichkeit im Wandel *Gunnar Folke Schuppert*, Staat als Prozess. Eine staatstheoretische Skizze in sieben Aufzügen, 2010.

31   *Giddens*, Konsequenzen der Moderne, 1985, S. 48 ff.

32   Siehe etwa *Frevert*, Merkur 63 (2009), S. 21 (27).

Wissenschaft erstreckt. Dieses *Systemvertrauen* kann sich auch auf die Ordnungsleistungen von Recht und Politik beziehen und darf nicht mit bedingungsloser Treue verwechselt werden, wie es die traditionale Gesellschaft auszeichnet. Es ist voraussetzungsvoll und schafft doch seinerseits erst die Voraussetzungen für die Anerkennung und Befolgung rechtlicher Befehle. Es ist auch nicht so, dass wir Ärzten, Rechtsanwälten und Experten *vertrauen*, uns aber auf die Gesundheitsversorgung, das Rechts- oder das Wissenschaftssystem nur *verlassen* oder eben nicht verlassen.[33] Vielmehr stellt sich grundsätzlich die Frage, ob wir Menschen als Vertrauensmittler oder „Zugangspunkte" wirklich brauchen, mag sich das Anvertrauen gegenüber Menschen auch in der Regel auf die vertretene Institution übertragen können. Die Vorstellung, dass sich die Vertrauenswürdigkeit einer Institution nur über die personelle Vermittlung und die Leistung der sie nach außen vertretenen Personen herstellen und bewahren lässt, leuchtet auf den ersten Blick ein. Und doch wird die Stärke einer Institution schlecht von Personen abhängig gemacht werden können, mögen diese das Amt auch erst ausfüllen. Die Rechtswissenschaft ist gut beraten, das Amt vom Amtswalter, das Gesetz von den Gesetzgebungsorganen oder Recht von Politik zu unterscheiden. Das Gesetz strahlt nicht nur Verlässlichkeit aus und verliert seinen Anspruch einer dauerhaften Problemlösung, wie gerade in *Brandners* Arbeit zum Änderungsgesetz nachzulesen ist.[34] Und der Gesetzgeber kann in der Ausbalancierung der Interessen nicht bloß auf die Zuversicht der beteiligten Kreise setzen. Es fragt sich, in welchem Maße wir dem parlamentarischen Gesetzgeber deshalb Vertrauen entgegenbringen, weil er die Gesellschaft als Ganzes oder auch nur die Idee davon[35] repräsentiert.

III.   Vertrauen und hierarchische Organisation

Hierarchien kommen ohne Vertrauen nicht aus. Wäre die gesamte Ordnung hierarchisch aufgebaut, müssten wir dem Rechtsbefehl die soziale Legitimität absprechen, die sich aus dem wechselseitigen Vertrauen der Bürger untereinander ergibt. Ebenso gilt: Generalisiertes Misstrauen erhöht die Transaktionskosten des

---

33   So aber *Frevert* (FN 1), S. 56 und statt vieler *Katarina Weilert*, Das paradoxe Vertrauen in den Staat und seine Institutionen, Humboldt Forum Recht 15/2010, S. 207 ff. mit dem eher blassen Vorschlag, das Vertrauen als Erwartung zu fassen, der Staat verhalte sich als demokratischer Rechtsstaat.

34   *Brandner*, Gesetzesänderung. Eine rechtstatsächliche und verfassungsrechtliche Untersuchung anhand der Gesetzgebung des 13. Deutschen Bundestags, 2002.

35   Zur Anpassung der Legitimitätsformen in der „dezentrierten" Demokratie *Pierre Rosanvallon* Demokratische Legitimität, 2010, S. 93 ff. Unparteilichkeit, Reflexivität und Nähe erweitern ihm zufolge die Typologie von *input*-Legitimität und *output*-Legitimität.

Alltags. Dürften die Gesetzgeber keine Befolgung ihrer Befehle mehr erwarten können, müsste die Kontrolle intensiviert werden. An die Stelle des Vertrauen würden zeit- und kostenintensive Prozeduren treten, die immer wieder an der sozialen Welt auflaufen, die sich regulativer Übersteuerung entzieht. Für Ökonomen senkt Vertrauen deshalb die Transaktionskosten.[36] Oder anders gesagt: Vertrauen entlastet und stützt die hierarchische Organisation, indem der Modellcharakter der Hierarchie für bestimmte, aber eben nicht für alle Entscheidungen[37] geschärft wird.

D. Rechtswissenschaftliche Ordnung des Vertrauens

Wozu, so bleibt zu fragen, sollte sich die Rechtswissenschaft mit Vertrauen beschäftigten, entwächst das moderne Recht nicht Vertrauenstatbeständen, wie es *Luhmann*[38] einst formulierte? Viel wäre gewonnen, wenn wir die naheliegende Vermutung, es handele sich um eine vormoderne Kategorie, einmal zurückstellen und mit *Ute Frevert* fragen, ob sich dieser Verdacht auf das Vertrauen bezieht oder nicht viel häufiger, auch wenn Vertrauen eingefordert wurde, bedingungslose Treue meint.[39] Mag das Gottvertrauen dem modernen Recht in seiner Ableitung von einer zentralen Instanz entgegenkommen, der Treueschwur in seiner Totalität und Irreversibilität dürfte mit dem Grundgedanken demokratischer Reversibilität nur schwer zu vereinbaren sein.

In diesem Zusammenhang ist auch auf folgendes hinzuweisen: Modernes Recht verzichtet auf barocke Untermalungen, es ist formal. Als formal werden auch die Organe der Rechtserzeugung betrachtet, zu denen nicht bloß, aber doch an erster Stelle, wenngleich nicht gottähnlich, sondern irrtumsanfällig der Gesetzgeber gerechnet wird. Schränken wir seine Gestaltungsmöglichkeiten nicht über Gebühr ein, wenn das vertikale Handeln an horizontale Vertrauensbeziehungen rückgekoppelt wird? Das Recht entwächst nicht grundlos Vertrauenstatbeständen. Es braucht diese schlicht nicht mehr, weil staatliches Recht ein Vertrauen der Bürger untereinander voraussetzen kann und erwarten darf. Das gilt auch für

---

36 Vgl. *Tanja Ripperger*, Ökonomik des Vertrauens, 1998; *Christoph Engel*, Vertrauen: ein Versuch, Preprints aus der Max-Planck-Projektgruppe Recht der Gemeinschaftsgüter, 1999.

37 Vgl. *Thomas Groß*, Das Kollegialprinzip in der Verwaltungsorganisation, 1999, S. 110 ff. Hier kann eine Rechtfertigung unabhängiger Regulierungsbehörden ansetzen. Zum Vorschlag der Entfaltung eines *demokratischen* Legitimationsmodus der Unparteilichkeit *Rosanvallon*, Demokratische Legitimität (FN 35), S. 108 ff.

38 *Luhmann*, Vertrauen (FN 9), S. 36.

39 *Frevert*, Merkur 63 (2009), 21 (26).

Bundesstaaten, die zugleich aber zeigen, dass es lange Zeit braucht, bis sich eine föderale Praxis wechselseitiger Anerkennung herausgebildet hat.[40] Und was heute im Staat vorausgesetzt zu werden pflegt, das muss in der *Europäischen Union* erst entstehen. Ein Vertrauen in die *fremde* Verwaltungsstruktur und den jeweils *anderen*, der vermittelt über die Unionsbürgerschaft nicht bloß Respekt, sondern Anerkennung verdient.[41]

Erst auf diese Weise dürften rechtliche Abstützungen und soziale Unterfütterungen eines gemeinsamen Raums der Freiheit, der Sicherheit und des Rechts[42] gelingen. Damit sind zunächst die kulturellen und empirischen Grundlagen der Integration angesprochen. Aber das sich in der sozialen Praxis herausbildende oder eben nicht herausbildende Vertrauen hat gerade hier auch eine normative Dimension.[43]

So stellt sich abschließend eine konkrete Frage: Darf der europäische Gesetzgeber seiner Entscheidung das wechselseitige Vertrauen der Unionsbürger in die jeweils *andere* Rechtsordnung zugrundelegen? Das tut er im Wirtschaftsrecht zur Förderung des Binnenmarkts, etwa im Produktzulassungsrecht.[44] Ob sich das Prinzip der wechselseitigen Anerkennung als der zum Teil voraussetzungslosen, also nicht mehr von der Behörde zu hinterfragenden Anerkennung fremder Verwaltungsentscheidungen auf andere Politikfelder ausdehnen lässt, muss demgegenüber zu den offenen Fragen gezählt werden. Hingewiesen sei nur auf die Auseinandersetzungen um die gegenseitige Anerkennung der EU-Führerscheine.[45]

40 Ausführlich *Christoph Schönberger*, Unionsbürger, 2005.
41 Zum Vertrauen als politischem Modus der Europäischen Union *Ulrich K. Preuß*, Europa als politische Gemeinschaft, in: Schuppert/Pernice/Haltern (Hrsg.), Europawissenschaft, 2005, S. 489 (530 f.); *ders.*, Das Politische im Europarecht, in: Franzius/Mayer/Neyer (Hrsg.), Strukturfragen der Europäischen Union, 2010, S. 325 (338).
42 Art. 67 AEUV.
43 *Franzius*, Europäisches Vertrauen? Eine Skizze, Humboldt Forum Recht 12/2010, S. 159 ff.
44 Vgl. *Hans Christian Röhl*, Akkreditierung und Zertifizierung im Produktsicherheitsrecht, 2000, S. 23 ff., 48 ff.; *Gernot Sydow*, Verwaltungskooperation in der Europäischen Union, 2004, S. 248 ff.
45 EuGH Rs. C-445/08 *Wierer*, NJW 2010, 217 Rn 50 ff.; BVerwG, NJW 2010, 1828 Rn. 14 ff. Zur Figur der Anerkennungspflicht *Sascha Michaels*, Anerkennungspflichten im Wirtschaftsverwaltungsrecht der Europäischen Gemeinschaft und der Bundesrepublik Deutschland, 2004; *Miguel Poiares Maduro*, So close and yet so far: the paradoxes of mutual recognition, JEPP 14 (2007), S. 814 ff.

Zum Teil scheint der normativen Erwartung eines Vertrauens in die rechtsstaatliche und demokratische Praxis mancher Mitgliedstaaten jenes Fundament zu fehlen, dass in staatlichen Demokratien vorausgesetzt zu werden pflegt. Können wir wirklich vertrauen, dass der in Rumänien ausgestellte Haftbefehl nach Maßgabe der europäischen Vorgaben nicht bloß dem *law in the books*, sondern auch einer gelebten Rechtspraxis[46] entspricht, die unseren Vorstellungen von Rechtsstaat und Demokratie strukturell vergleichbar ist?[47]

Der unbestrittene Vorteil europarechtlicher Vertrauensgenerierung liegt darin, dass über die Herausbildung eines transnationalen Vertrauens den berüchtigten Hochzonungseffekten vorgebeugt werden kann. Statt Kompetenzen bei der Kommission zu bündeln, werden Agenturen und andere Einrichtungen als Orte der Vertrauensbildung geschaffen, die eine dritte Verwaltungsebene (zwischen dem direkten und dem indirekten Vollzug) hervorzubringen scheinen, was Verantwortungszurechnungen erschwert.[48] Die Nachteile einer europäischen Vertrauenspolitik, die Zentralisierungen vermeidet, aber Kohärenz und Effektivität im Vollzug zu sichern versucht, treten umso deutlicher hervor, je weniger die Vertrauenserwartungen organisations- und verfahrensrechtlich abgesichert sind, der Gesetzgeber vielmehr ein *blindes Vertrauen* erwartet.

So hat der verfassungsändernde Gesetzgeber in Art. 16a GG alle Mitgliedstaaten der Europäischen Union zu sicheren Drittstaaten erklärt.[49] Das erspart der Asylbehörde die Einzelfallprüfung, tritt aber gerade deshalb mit der Rechtsprechung des Europäischen Gerichtshofs für Menschenrechte in Konflikt.[50] Man darf gespannt sein, ob das Bundesverfassungsgericht die Abschiebung eines Asylbe-

---

46 Vgl. *Trute*, in: ders./Groß/Röhl/Möllers (Hrsg.), Allgemeines Verwaltungsrecht (FN 13), S. 221.

47 Zur horizontalen Dimension des europäischen Verfassungsverbundes *Ingolf Pernice*, in: FS Meyer, 2006, S. 359 ff. Von einer Kohärenzvorsorge hinsichtlich der unterschiedlichen verfassungsrechtlichen Maßstäbe für die europäische Verwaltung spricht *Wolfgang Hoffmann-Riem*, in: Trute/Groß/Röhl/Möllers (Hrsg.), Allgemeines Verwaltungsrecht (FN 13), S. 749 ff.

48 Zum Vertrauen als ergänzender Legitimationsmodus für die Verwaltung *Hans-Heinrich Trute*, in: Hoffmann-Riem/Schmidt-Aßmann/Voßkuhle (Hrsg.), GVwR I, 2006, § 6 Rn. 115; *Hans Christian Röhl*, Verantwortung und Effizienz in der Mehrebenenverwaltung, DVBl 2006, 1070 (1079); *Franzius*, Neue Organisationsformen im Verwaltungsrecht, VBlBW 2009, 121 (125 f.).

49 Krit. *Christian Tomuschat*, EuGRZ 1996, 381.

50 EGMR v. 26.4.2007 *Gebremedhin*, 25389/05 Ziff. 66; v. 2.12.2008 *K.R.S./Vereinigtes Königreich*, 3233/08 Ziff. A. Dogmatisch unterbelichtet ist bisher die „Berücksichtigungspflicht" deutscher Gerichte hinsichtlich der EGMR-Rechtsprechung, wie sie von BVerfGE 111, 307 *Görgülü* hervorgehoben wird.

werbers nach Griechenland mit dem Konzept der normativen Vergewisserung nicht doch an in Deutschland zu prüfende Voraussetzungen bindet.[51] In der Entscheidung zur Umsetzung des europäischen Haftbefehls hat der Zweite Senat das „Vertrauen in die eigene Rechtsordnung" hervorgehoben.[52] Demgegenüber geht die jüngst auch in Karlsruhe[53] verhandelte *Dublin II*-Verordnung von einem europäisch fundierten Vertrauen in das Asylverfahren des fremden Mitgliedstaats aus.[54] Hier stößt das abverlangte Vertrauen in die im Erststaat getroffene Entscheidung an Grenzen, die vom Recht zu thematisieren sind.[55] Abschließend sei deshalb festgehalten: Je weniger dicht die vertikale Determinierung durch den europäischen Gesetzgeber mangels Kompetenz oder politischen Willen ausfällt, desto höher muss das investierte Vertrauen sein, um fremde Entscheidungen als eigene Entscheidung ausweisen zu können.[56]

E. Schluss

Wir vermuten, dass Recht und Gesetzgebung etwas mit Vertrauen zu tun haben. Das mag nicht mehr ohne weiteres für die Verfassungsstaaten der Moderne gelten, aber doch in Europa, das deshalb noch nicht zur Vormoderne, vielleicht aber noch weniger zur Postmoderne gehört. Natürlich bleibt es dabei: Vertrauen wird über rechtsstaatliche Gebote geschützt, etwa das Rückwirkungsverbot für abgeschlossene, aber eben nur für abgeschlossene Sachverhalte.

51   Zum Meinungsstand *Ruth Weinzierl*, Der Asylkompromiss auf dem Prüfstand, 2009.

52   BVerfGE 113, 273 (294). In der Tendenz anders EuGH Rs. C-303/05 *Advocaaten in der Wereld*, Slg. 2007, I-3633 Rn. 57; dazu *Franzius*, Humboldt Forum Recht 12/2010, S. 159 (168 f.).

53   2 BvR 2015/09.

54   Vgl. *Jürgen Bast,* Transnationale Verwaltung des europäischen Migrationsraums, Der Staat 46 (2007), S. 1 (8 ff.). Zur Begründung transnationaler Rechte im Anschluß an Immanuel Kant und Hannah Arendt, aber über diese im Sinne eines „Grenzen verhandelnden" kosmopolitischen Föderalismus hinausgehend: *Seyla Benhabib*, Die Rechte der Anderen, 2008. Andere Akzente: *Saskia Sassen*, Das Paradox des Nationalen, 2008, S. 440 ff.

55   Migrationsrecht, so ließe sich sagen, hat das „permanente Tauziehen zwischen universellen Ideen und partikularen Bindungen" (*Benhabib*, ebd., S. 27) zum Thema zu machen. Weder kann allein auf die Moral oder *compassion* noch allein auf die Souveränität der Staaten oder Völker gesetzt werden, vgl. zur Debatte um den Souveränitätsbegriff Buchstein/Offe/Stein (Hrsg.), Souveränität, Recht, Moral. Die Grundlagen politischer Gemeinschaft, 2007.

56   Transnationales Vertrauen könnte auch in der Governance-Forschung fruchtbar gemacht werden, knapp *Franzius*, Governance in der transnationalen Konstellation, Manuskript.

Was wir mehr denn je brauchen, ist eine „vertrauensgenerierende Dogmatik" für den europäischen Verwaltungsverbund.[57] Unter welchen Voraussetzungen darf der europäische Gesetzgeber ein Vertrauen einfordern, das sich nicht länger gleichsam naturgegeben auf die eigene Rechtsordnung beschränkt, sondern eine transnationale Öffnung der staatlichen Rechtsordnungen bewirkt? Und welche Möglichkeiten haben die nationalen Gesetzgeber, die europäischen Vertrauenserwartungen durch Anforderungen an die Anerkennung fremder Hoheitsakte abzustützen? Das für das Migrationsrecht vom Bundesverfassungsgericht entwickelte Konzept der normativen Vergewisserung[58] macht schon semantisch deutlich, dass es ein grenzenloses Vertrauen nicht geben kann. Gelingt es den europäischen Gesetzgebern[59] aber, Institutionen und Verfahren der gemeinsamen Lernerfahrung und Vertrauensbildung zu schaffen, wird man darin einen wichtigen Beitrag zur föderalen Demokratie[60] in Europa sehen können.

57 So *Schmidt-Aßmann*, VVDStRL 66 (2007), S. 201 f. Zu den Verbundstrukturen europäischer Verwaltung Schneider/Velasco Caballero (Hrsg.), Strukturen des europäischen Verwaltungsverbundes, Die Verwaltung, Beiheft 8 (2009).
58 BVerfGE 94, 49 Rn. 190 ff.
59 Die europäische Dimension lässt sich nicht länger säuberlich auf einer „Ebene" herstellen. Wie auch immer die Union konzeptionell verstanden wird: Stets geht um die Verschränkung der Ebenen mit der Folge, dass sich die europäische mit der nationalen Gesetzgebung verbindet. Zu einer Rekonstruktion unter dem Topos der lebendigen Demokratie *Franzius/Preuß*, Europäische Demokratie, Manuskript.
60 Zur Spannung zwischen föderaler und demokratischer Ordnungsidee *Stefan Oeter*, in: v. Bogdandy/Bast (Hrsg.), Europäisches Verfassungsrecht, 2. Aufl. 2009, S. 73 ff.

Das Gesetz und seine Richter: Mund des Gesetzes? Rechtsbeistand des Gesetzgebers? Oder ... ?

Peter Wysk

Ich bin vermutlich der einzige Teilnehmer dieses Kolloquiums, der *Thilo Brandner* nicht persönlich kennenlernen durfte. Einen ersten Kontakt bekamen wir erst im vorletzten Jahr anlässlich der gemeinsamen Arbeit an der Schülerfestschrift für Herrn Kloepfer zum 65. Geburtstag.[1] Nach den Berichten meiner Vorredner fühle ich mich aber auf wundersame Weise mit ihm einig - verbunden in einer gemeinsamen Skepsis gegenüber gewissen eingerasteten Mustern unseres juristischen Gedankengebäudes. Zu diesen Mustern gehören für mich die Dogmen im Umkreis der Vorhersehbarkeit staatlichen Handelns, in Sonderheit die These, dass sich klar und eindeutig ableiten lasse, was das Gesetz für das Verhalten der Normadressaten im Einzelfall besagt und wie also im Streitfall zu entscheiden wäre.

Von dieser Idee der Vorhersehbarkeit rechtlich determinierter Entscheidungen leben nicht nur die Heerscharen von Studierenden und Prüflingen, sondern letztlich die gesamte juristische Praxis. Aber wie ist es tatsächlich um sie bestellt? Gegenüber großen Erwartungen oder gar Idealisierungen der These ist eine außerordentliche Skepsis angebracht. Lassen Sie mich das mit einer persönlichen Erfahrung aus dem zurückliegenden Vierteljahrhundert meines richterlichen Berufslebens illustrieren: damit, wie im Laufe der Jahre mein Glaube geschwunden und schließlich zerbrochen ist, irgendwann einmal „perfekte" Gutachten oder Entscheidungsentwürfe schreiben zu können, Urteile, an denen kein Kammer- oder Senatskollege auch nur ein Jota würde ändern können. Man könnte das auf meine persönliche Befähigung schieben, ginge es irgendeinem meiner Kollegen besser. Das ist aber nicht der Fall, die Statistik ist insoweit eindeutig: Im Gang durch die Instanzen werden bis zu 70 % aller Verfahren im Ergebnis – und sicher weit mehr in der Begründung – geändert, unter Umständen sogar wiederholt. Fallentscheidungen, die innerhalb der Spruchkollegien und zwischen den Rechtszügen hochstreitig bleiben, sind also keine Randerscheinungen. Wie aber ist es um die Anwendbarkeit des geschriebenen Gesetzes – auf das ich mich hier beschränken möchte – bestellt, wenn es einer Vielzahl von Juristen, insbesondere den auf ein Rechtsgebiet spezialisierten Berufsrichtern nicht gelingt, in der gro-

---

1   Umweltgesetzbuch und Gesetzgebung im Kontext. Liber discipulorum für Michael Kloepfer zum 65. Geburtstag. München 2008.

ßen Masse Entscheidungen zu produzieren, die durchgehend Bestand haben? Über die drei Instanzen einer Fachgerichtsbarkeit können das immerhin bis zu elf sein; das Bundesverfassungsgericht und die Gerichte der europäischen Union können eine Sache dann noch wieder ganz anders beurteilen.

Es ist unmittelbar herauszuhören: Mich beschäftigt die Steuerungskraft des Gesetzes, allerdings vornehmlich unter dem Gesichtspunkt der Streitentscheidung. Ich will damit nicht in die so genannte „neue Steuerungsdiskussion" eingreifen, sondern einfach nur fragen, wie der tatsächliche Befund mit der Theorie zusammenpasst. Mit dem Begriff der Steuerungskraft habe ich auch die Verbindungslinie zur Gesetzgebung gefunden, dem bevorzugten Arbeitsgebiet von *Thilo Brandner*. Denn unter formalen Aspekten gehört zur „guten Gesetzgebung" fraglos auch, dass ein Gesetz erreicht, wozu es Gesetz geworden ist. Mehr noch: Aus dem Steuerungserfolg schöpft Gesetzgebung einen wesentlichen Teil ihrer Legitimation.[2] Für die Gesetzesbetroffenen kehrt diese Frage im rechtsstaatlichen Gewand der individuellen Vorhersehbarkeit, also des sich im eigenen Handeln Einrichten-Könnens wieder.

A.   *Gesetzesbindung der Richter*

Die Beziehungen zwischen dem Gesetz und den Richtern sind bei uns verfassungsrechtlich vorgeordnet. Im Mittelpunkt steht die Bindung der „Rechtsprechung an Gesetz und Recht", wie es Art. 20 Abs. 3 GG vorsieht und Art. 97 GG als Unterwerfung der Richter – also der rechtsprechenden Personen und nicht der Institution „Gericht" – „nur" unter das Gesetz konkretisiert und mit einer sachlichen und persönlichen Unabhängigkeit verknüpft. Es wäre interessant, der offenkundigen sprachlichen Differenz zwischen Art. 20 und 97 GG nachzugehen (der Bindung an Gesetz und Recht auf der einen Seite, der Unterwerfung nur unter das Gesetz auf der anderen[3]); aber ich kann mich hier nur mit dem Kern der Gesetzbindung beschäftigen. Der Gesetzgeber ist danach jene Staatsgewalt, die den Richter in seiner rechtsprechenden Tätigkeit anweisen kann. Das Mittel der Anweisung ist – ausschließlich – das Gesetz; die Unabhängigkeit des Richters dient dabei ausschließlich dazu, ihn unter verschiedenen Aspekten – bis

---

2   Vgl. nur *Franzius*, in: Schmidt-Aßmann/Hoffmann-Riem, Methoden der Verwaltungsrechtswissenschaft, Baden-Baden 2004, § 4 Rn. 6.

3   Die Ausschließlichkeit des „nur" in Art. 97 Abs. 1 GG ist zwar ersichtlich als Betonung der Unabhängigkeit der entscheidenden Personen gemeint und also gegen andere Staatsgewalten gerichtet; eine aufzulösende Reibung bleibt jedoch auch bei dieser Sicht, vgl. *Holtkotten*, in: Bonner Kommentar zum GG (Stand: Oktober 2010), Art. 97 Anm. 2.

hinein in die Flexibilisierung von Arbeitszeiten – frei dafür zu machen, dieser strikten Gesetzesbindung nachzukommen. Damit ist aber noch nicht gesagt, wie der Richter diesem zentralen Auftrag nachzukommen hat. Das ergibt sich aus dem Begriff der „Rechtsprechung", der – schlagwortartig gekennzeichnet – die in besonders geregelten Verfahren zu letztverbindlicher Entscheidung führende rechtliche Beurteilung von Sachverhalten in Anwendung des geltenden Rechts durch ein unbeteiligtes Staatsorgan meint. Hier beginnen die Schwierigkeiten: Was genau geschieht im Vorgang der Gesetzesanwendung und wie wirkt sich dabei die Gesetzesbindung aus?

B.   Der scheinbare Gegensatz zwischen Auslegung und Anwendung des Gesetzes

I.   Struktur der Gesetzesanwendung

Lassen Sie mich ein kurzes Schlaglicht auf die Struktur der Gesetzesanwendung werfen. Ich will sie aus Vereinfachungsgründen in der Form des Syllogismus der klassischen Logik beschreiben, obwohl das der Rechtswirklichkeit ganz und gar nicht gerecht wird.[4] Der klassische Syllogismus will ermöglichen, aus zwei Prämissen – einem Ober- und einem Untersatz – eine Folgerung (die Konklusion) zu ziehen, die mehr Informationen enthält als die beiden Prämissen einzeln. In dieser Darstellung bildet der abstrakt-generelle Inhalt einer Norm den Obersatz und der Sachverhalt den Untersatz. Die Zusammenführung der Sätze – die Subsumtion – bedeutet die Schlussfolgerung, ob das im Untersatz enthaltene Sachverhaltselement eine im Gesetz geforderte Voraussetzung erfüllt. Damit ist die alte Gegenüberstellung belebt zwischen der Auslegung des einschlägigen Gesetzes und der Subsumtion eines Falles unter seine Merkmale. Sie findet sich heute etwa auch im Revisionsrecht wieder, das den Revisionsgerichten nur die Entscheidung über Rechtsfragen zugesteht – also die Auslegung –, die Überprüfung der Subsumtion aber den Tatsachen-Vordergerichten vorbehält (vgl. § 137 VwGO oder § 545 Abs. 1 ZPO).

---

4   Der Syllogismus dient im Grunde nur dazu, das Verhältnis zu beschreiben, in dem Kategorien von Gegenständen zueinander stehen. Diese vier sog. kategorischen Formen, gerne dargestellt in einem logischen Quadrat, werden üblicherweise mit „A" für „alle" („alle S sind P"), „E" für Exklusion („keine S sind P"), „I" für Intersektion („einige S sind P") und „O" für „ohne" („einige S sind nicht P") abgekürzt. Diese Schlussformen sind kaum hilfreich, wenn zu entscheiden ist, ob ein realer Gegenstand einem juristischen Begriff unterfällt.

II. Altes und neues Misstrauen gegen die Auslegung

Diese Darstellung des Vorgangs der Rechtsanwendung rührt an alte und neue Ressentiments. Die Auffassung des 18. und 19. Jahrhunderts will den Richtern nur die Anwendung des Gesetzes zugestehen, ihm dessen Auslegung aber verwehren. Die Furcht der Herrschenden davor, dass Richter ihre Gesetze – auch für sie verbindlich – auslegen, ist alt. König Friedrich II. etwa verfasste 1780 eine Kabinettsorder, in der er es untersagte, „ dass irgendein Richter unsere Gesetze zu interpretieren, auszudehnen oder einzuschränken [...] sich einfallen lässt". Auch *Montesquieus* fast zu Tode zitierter Satz, dass der Richter der Mund des Gesetzes sei – besser: mehr als das nicht sein dürfe („la bouche, qui prononce les paroles de la loi") – und die Justiz ein Nullum („en quelque façon nulle"), ist ernst gemeint. *Montesquieu* wollte dem Richter die Auslegung der Gesetze verbieten, weil er dies als zwingende Folge der Gewaltenteilung betrachtete. Auch wenn es sich um einen schwerwiegenden Irrtum handelte, die Ansicht lag seinerzeit doch allgemein in der Luft: Unklarheiten des Wortlauts eines Gesetzes müsse der Gesetzgeber beseitigen, nicht der Richter. Daher forderte das Allgemeine Landrecht für die preußischen Staaten, der Richter müsse Zweifel am eigentlichen Sinn des Gesetzes der Gesetzeskommission anzeigen und deren Beurteilung abwarten.[5]

In scheinbar modernem Gewand kehrt das Misstrauen gegen die Auslegung durch Richter heute – als getarnte Furcht vor der Macht des richterlichen Interpreten – in dem starken Interesse der P(arteip)olitik an der Besetzung hoher Richterämter wieder (vgl. Art. 95 Abs. 2 GG i.V.m. § 1 RiWahlG).[6] Dogmatisch unterfüttert findet sich diese Kritik besonders bei *Bernd Rüthers*. Er rügt seit langem[7] die Wendung vom demokratischen Rechtsstaat hin zu einem – in seiner Sicht - oligarchischen Richterstaat. Den Richtern wirft er vor, nicht selten aufgrund eigener Gerechtigkeitsvorstellungen mit Hilfe geeigneter Auslegungsstrategien von vorhandenen gesetzlichen Wertungen abzuweichen, also dem Gesetz den Gehorsam zu verweigern. Abgesehen davon, dass diese Kritik – die gemes-

---

5   Art. 47 Einl. prALR lautet: „Findet der Richter den eigentlichen Sinn des Gesetzes zweifelhaft, so muß er, ohne die prozessführenden Parteien zu benennen, seine Zweifel der Gesetzeskommission anzeigen, und auf deren Beurteilung antragen."

6   Dazu *Wysk*, in: ders. (Hrsg.), VwGO, Kommentar, München 2011, § 10 Rn. 1.

7   Vgl. *Bernd Rüthers*, Die unbegrenzte Auslegung. Zum Wandel der Privatrechtsordnung im Nationalsozialismus, 6. Aufl. Tübingen 2005; *ders.*: Rechtstheorie: Begriff, Geltung und Anwendung des Rechts. München 1999, S. 717 ff. insbesondere Rn. 724: „[Es ist] ein Gebot wissenschaftlicher wie richterlicher Methodenehrlichkeit und geistiger Hygiene, ein Schweigen des Gesetzes als Lücke und die Abweichung vom Gesetz als rechtspolitisch begründete richterliche Gesetzeskorrektur zu deklarieren."

sen am Verfassungsauftrag einen ungeheuerlichen Vorwurf formuliert - sachlich schlicht falsch ist, wie ich unten noch zeigen möchte, und sich mit dem Berufsalltag der Kritisierten auch nicht ansatzweise in Übereinstimmung bringen lässt, ist *Rüthers'* Kritik zirkulär: Was sich als Abweichung von gesetzlichen Wertungen oder vom Willen des Gesetzes darstellt, lässt sich immer erst als Ergebnis einer Auslegung des Gesetzes bestimmen. Nach welchen Kriterien aber entscheidet sich, welche von mehreren Deutungen richtig ist? Damit bin ich bei dem eigentlichen Kernproblem.

Wenn die letztverbindliche Auslegung des Gesetzes heute selbstverständlich den Richtern zugewiesen ist, dann beruht das auf einem wesentlich gewandelten Verfassungsverständnis, aber auch auf der Einsicht, dass es anders gar nicht geht. Zwischen Auslegung und Subsumtion besteht kein Gegensatz, sondern ein inniges Miteinander, weil Auslegung immer mit Blick auf bestimmte Sachverhaltsmerkmale betrieben wird und nichts Mechanisches an sich haben kann. Schon *Wilhelm von Humboldt* entdeckte, dass es „unmöglich ist, die Richter in Maschinen zu verwandeln"[8]. Nicht einmal im übertragenen Sinne sind sie „Subsumtionsautomaten", weil die Allgemeinheit der Norm der Spezialität der Fälle nie gerecht werden kann. In den Übergängen vom Abstrakten (Gesetz) zum Konkreten (Fall), besser: zum weniger Abstrakten, aber auch in den Spielräumen, die den Bestandteilen der Normen anhaften, scheint sich die Steuerungskraft eines Normtextes abzuschwächen, teilweise in einem Maße, welches das Ergebnis von Auslegung und Subsumtion unvorhersehbar macht. In diesen Spielräumen dürfte die Lösung zu finden sein.

C.   Spielräume der Auslegung

I.   Spielräume der Normstruktur

Nur kurz will ich darauf hinweisen, dass zahlreiche Spielräume schon unmittelbar in die Normen eingebaut sind. Dazu gehören in konditionalen Normprogrammen insbesondere unbestimmte Rechtsbegriffe, Gestaltungsermächtigungen und Ermessen. Finale Normen geben nur die Verwirklichung eines – regelmäßig extern definierten – Zieles vor (etwa eines beantragten Vorhabens); die materiellen Kriterien der Zielverwirklichung müssen aber erst im Verlaufe des Planungsprozesses entwickelt werden.

---

8   Über Pressefreiheit, Werke Bd. IV, S. 338, 341.

Derartige Spielräume sind gut untersucht. Sie liegen nicht im Zentrum meines heutigen Interesses. Denn ich sehe in ihnen – auch wenn sie das Ergebnis der einzelnen Normanwendung schwer kalkulierbar machen – nicht jene spezifischen Erkenntnisschwierigkeiten, auf die ich hinaus will. Normen mit eingebauten Spielräumen lässt sich eine Steuerungsschwäche nämlich gar nicht vorwerfen, weil die fehlende Determinierung beabsichtigt ist: Das Ergebnis der Normanwendung soll sich nach dem Willen des Gesetzgebers erst in nachgelagerten Verfahren herauskristallisieren, ist bewusst auf andere Institutionen (vor allem Verwaltungsbehörden) und Prozesse (z.B. Planungsverfahren) verschoben. Unter dem Aspekt der Steuerungsschwäche viel interessanter sind aber die Methoden der Auslegung.

II.   Vom Wert der Methoden

1.   Spielräume der Auslegungskanones

„Was uns trägt" – so überschrieb jüngst *Uwe Volkmann*, Rechtsphilosoph an der Universität Mainz, in der FAZ[9] seine Analyse dazu, wie das Bundesverfassungsgerichts zu seinen Entscheidungen kommt. Seine Antwort: Es könne nur die Methode sein. Ich bin wieder skeptisch. Auch wenn es viele sagen: Weder mit meiner Erfahrung noch mit der Theorie lässt es sich in Einklang bringen, dass die Auslegungsmethodik das Ergebnis zwingend ableitbar macht. Die Methodenlehre zeigt Gesichtspunkte auf, die nicht vernachlässigt werden dürfen, ohne jedoch einen verbindlichen Fahrplan für ihre Benutzung mitzuliefern. Ein allgemeingültiges Rangverhältnis der Auslegungskriterien besteht nicht, und im Vorhinein ist ungewiss, welches Kriterium den Ausschlag geben wird. Das gilt besonders dann, wenn – wie durchaus häufig – die einzelnen Gesichtspunkte in entgegengesetzte Richtungen weisen. Die Auswahl des ausschlaggebenden Auslegungskriteriums wird dann unter Umständen durch Erwägungen gesteuert, die nicht hinreichend offen gelegt werden. Mein Credo ist daher: Methoden geben dem Ausleger kein sicheres Geleit.

Zum Beleg meiner These kann ich hier nur ein paar Beispiele anführen. Zu den bekanntesten gehört die Austauschbarkeit von Erst-Recht-Schlüssen und Umkehrschlüssen. Logisch sind meist beide möglich, die Wahl erfolgt nach schwer greifbaren materiellen Kriterien übergeordneter Gerechtigkeit. Ähnliches gilt für die fast inhaltsleere These, Ausnahmevorschriften seien „eng" auszulegen. Prak-

---

9   FAZ vom 26.8.2010, S. 6.

tisch sind solche Leersätze zu nichts nütze; aber groß ist die Versuchung, sie zur Rechtfertigung eines anderweitig gefundenen Ergebnisses heranzuziehen.

2. Der Wortsinn

Vor allem aber bin ich überzeugt, dass die klassischen Auslegungskanones des Wortsinns, des systematischen Zusammenhangs, der Gesetzgebungshistorie und des Normzwecks eine unverdiente Sicherheit vorgaukeln. Die These, der mögliche Wortsinn markiere die Grenze der Auslegung, entstammt der Ideenwelt des 19. Jahrhunderts und ist dringend zu überdenken. Was sich als Wortsinn ergibt, ist immer schon selbst das Ergebnis einer vorangehenden Auslegung. Das macht sich besonders bei technischen Kunstbegriffen bemerkbar, für die uns ein Alltags-Sprachgefühl fehlt. Ins Reich der Märchen gehört deshalb auch der von der Rechtsprechung gern bemühte Satz, eindeutige und klare Begriffe seien nicht auslegungsfähig.[10] Solche Begriffe gibt es nicht. Wer an sie glaubt, unterliegt dem Fehlschluss unzulässiger Verallgemeinerung des zeitgebundenen Einigseins eines kleinen Kollektivs. Die Parteien des Prozesses sind von solchen Aussagen hingegen regelmäßig überrascht, war ihnen doch mitnichten klar, was angeblich eindeutig ist.

Wegen dieser fehlenden Sicherheit formal abzusichernder Ableitbarkeit ist die Rechtsprechung voll davon, Kreativität an den Tag zu legen, wenn es um den Umgang mit Begriffen geht. Ich erinnere an das skurrile Beispiel der Schauspielerin Busoni, die mit einem Leoparden an der Leine einen Friedhof betreten wollte, an dessen Eingang ihr ein Schild mit der Aufschrift „Hunde verboten" den Weg versperrte. Das Reichsgericht sah Anfang des 20. Jahrhunderts kein Hindernis darin, Leoparden als Hunde im Sinne dieses Verbotes anzusehen. Wenn uns Heutigen die Grenze zur Analogie oder Rechtsfortbildung überschritten scheint, dann nur deshalb, weil die zoologische Abgrenzung zwischen Hund und Katze so fest in unserem Alltagswissen verankert ist. Aber womöglich kam es für die Entscheidung gar nicht darauf, sondern nur auf Merkmale an, die Hunden und Katzen gemeinsam sind? Etwa auf die Beschreibung „vierbeiniges felliges Wesen mit scharfem Gebiss" oder auf die Kategorisierung als „Tier" oder gar nur auf die gemeinsam ausgelöste Wirkung auf andere Friedhofsbesucher, also auf deren Gemütsverfassung? Mein Glaube an eine durch den Wortsinn vermittelte Sicherheit hat sich weiter abgeschwächt, als ich erfahren habe, dass Elefanten mit Seekühen und Klippschliefern genetisch verwandt sind. Ich wette,

---

10   Vgl. etwa BGH, NJW 2000, 3216.

Peter Wysk

die meisten von uns wären bei Klippschliefern auch unsicher, ob es sich um Elefanten im Sinne des Gesetzes handelt.

3.   Die übrigen Auslegungskanones

Nicht besser ist es um die so genannten systematischen, historischen und teleologischen Auslegungskanones bestellt. Der *systematische Zusammenhang* einer Norm ist von großer Bedeutung für die Einheitlichkeit und Einfachheit der juristischen Theorie und kann eine bestimmte Auslegung unter diesem Aspekt als vorzugswürdig erscheinen lassen. Aber Systembildungen werden dem Gesetz vom Interpreten erst übergestülpt, und nichts zwingt den Gesetzgeber dazu, sich für jede denkbare Fallgestaltung daran zu halten.[11] Das eröffnet die Möglichkeit, in alle Richtungen zu argumentieren, wenn ein Entscheidungsergebnis nicht gut in das gefundene System passen will. Die *Gesetzesmaterialien* sind zweifellos eine wichtige Erkenntnisquelle, führen aber oft zu nichts oder werden in Relation zum weiteren Gesetzgebungsverfahren überschätzt. Und die *Teleologie* eines Gesetzes, die das Auslegungsergebnis dominieren kann, ist ebenfalls Ergebnis einer Auslegung, wobei verschiedene Zwecke, die ein Gesetz durchaus verfolgen kann, sich gegeneinander ausspielen lassen. Der Kreativität sind wieder keine Grenzen gesetzt – dazu muss man nicht erst die Rechtsprechung des Bundesverfassungsgerichts betrachten, die aus höchstabstrakten – also inhalts‚offenen' – Begriffen zu sehr speziellen Realbereichen wie Vorratsdatenspeicherung oder Legehennenhaltung Aussagen ableitet und dazu auch verpflichtet ist. Von Beliebigkeit ist das alles dennoch nicht weit entfernt. Der Wert der Auslegungskanones wird dadurch zwar nicht gemindert, denn die Auslegungsmethoden machen das Ergebnis – wenngleich nicht unangreifbar – immerhin diskutierbar; vor hohen Erwartungen ist aber doch zu warnen.

4.   Einsichten aus Logik und Sprachtheorie

Endgültig und prinzipiell abhanden gekommen ist mein Glaube an den Wortsinn und die „absolute" Fixierbarkeit von Bedeutung aber angesichts der sprachtheoretischen und logischen Untersuchungen *Gottlob Freges, Ludwig Wittgensteins, Alfred Tarskis, Karl Poppers, Kurt Gödels* oder *Willard Van Orman Quines.* Die Folgerungen daraus für die Jurisprudenz sind dramatisch. Schon seit *Frege*

---

11 Dass der Gesetzgeber aus Gründen praktischer Vernunft von einem System abweicht, ungeachtet aller ansonsten proklamierten Erwägungen, zeigt z.B. die Regelung des § 72c TierSG, vgl. BVerwG, Urteil vom 21.10.2010 – 3 C 41.09 – juris.

(1848-1925) wissen wir, dass strikt zwischen einem Zeichen und dem dadurch Bezeichneten zu unterscheiden ist, wobei die Verwechslung verbreitet ist und auch im juristischen Bereich zu Verwirrung und Irrtümern führen kann.[12] Wir wissen, dass das Wort „Bedeutung" auf mehreren Ebenen Bedeutungen hat und von seinem „Sinn" zu unterscheiden ist. Die Bedeutung eines Wortes wird durch seinen Gebrauch in einer Sprachgemeinschaft geprägt und kann abstrakte und konkrete Gegenstände bezeichnen, die seine Extension ausmachen; demgegenüber drückt der „Sinn" des Wortes seine Intension, also eine weitergehende Aussage über den bezeichneten Gegenstand aus.[13] Die Bedeutung eines (Aussage)Satzes wiederum besteht in seinem Wahrheitswert, womit juristische Soll-Sätze von vornherein ein Problem haben.[14] Überhaupt können wir aus der modernen (formalen) Logik lernen, dass es nicht um Gesetze des Denkens geht,[15] sondern um objektivierbare Eigenschaften sprachlicher Entitäten und ferner, dass die Struktur juristischer Sätze eher selten nur von wahrheitswertfunktional fassbaren Bestandteilen geprägt wird („weil" und seine grammatischen Äquivalente zählen etwa dazu), sodass die Wahrheit einer juristischen Aussage meist entscheidend von – im Hintergrund mitschwingenden – Bestandteilen außerhalb des Satzes abhängt.[16] Das enttarnt die meisten juristischen Aussagen als von vornherein nicht wahrheitsfähig im logischen Sinne.

Scharf ausgedrückt: Die Logik hilft Juristen nur sehr begrenzt, weitet aber den Blick. Von *Quine* wissen wir Näheres über die zahlreichen „Launen des Bezeichnens" (also der Bezugnahme von Begriffen auf Gegenstände) und von den Möglichkeiten, diesen Launen, wo es darauf ankommt, durch Reglementierung

---

12 Eingehend zu dieser wichtigen Frage *Quine*, Methods of Logic (dt. Grundzüge der Logik), 4th Ed. (Harvard University Press) 1982, S. 50; *ders.*, Mathematical Logic, Rev. Ed. (Harvard University Press) 1981, Chap. 4 „Use versus Mention".

13 Vgl. *Gottlob Frege,* Über Sinn und Bedeutung, Zeitschrift für Philosophie und philosophische Kritik, NF 100 (1892), S. 25-50; auch abgedruckt in: *Günther Patzig* (Hrsg.): Gottlob Frege: Funktion, Begriff, Bedeutung. Fünf logische Studien, Göttingen 1962, S. 38-63. Das bekannteste Beispiel sind die Worte „Morgenstern" und „Abendstern", die denselben Himmelskörper (die Venus) bezeichnen (damit die gleiche Extension i.S.v. Bedeutung haben), über ihn aber Unterschiedliches aussagen, also einen anderen Sinn haben.

14 Mit diesem ungelösten Problem der Normenlogik befasst sich etwa *Ota Weinberger*, Rechtslogik, 2. Aufl. Berlin 1989, S. 218 ff., insbesondere S. 232. Zum Wahrheitsbegriff allgemein *Alfred Tarski*, Einführung in die mathematische Logik, 5. Aufl. Göttingen 1977, Anhang, S. 244 ff., sowie *Quine*, Unterwegs zur Wahrheit, Paderborn 1995, §§ 32 ff. (S. 109 ff.).

15 Der Verstoß gegen ‚Denk'gesetze gilt aber nach wie vor als ein zentraler Verfahrensfehler, vgl. nur BVerwGE 96, 200, 208 f.

16 Dazu *Quine*, Methods of Logic [Fn. 12], Chap. 8 ("Words into Symbols"), S. 53 ff.

aus dem Weg zu gehen.[17] Solche Launen haben Wörter wie „jemand" und „niemand" oder undurchsichtige Verben („suchen" oder „glauben", aber auch die juristisch gebräuchlichen „meinen", „geltend machen" und „sollen"). Wie dürfen wir uns überhaupt unserer juristischen Produkte sicher sein, nachdem *Kurt Gödel* in seinen Unvollständigkeitssätzen – bis heute gültig – bewiesen hat, dass selbst in der elementaren Zahlentheorie, also dem grundlegendsten Teil der Mathematik (d.h. einer Sprache über bestimmte abstrakte Gegenstände wie Zahlen und Mengen), letzte Beweissicherheit auf Dauer ausgeschlossen ist?[18]

Diese Erkenntnisse aus dem Bereich der Philosophie und Linguistik zeigen durchaus[19], dass es sachlich verfehlt ist, dem Wortsinn eine Grenzfunktion und Methoden Absolutheitswert zuzuschreiben. Es gibt zahlreiche Gründe dafür, dass die benutzten Begriffe die Regelungsabsicht des Normgebers, auf die es letztlich ankommt, häufig eben nicht zutreffend markieren. In solchen Fällen läuft es unserem Gerechtigkeitssinn – und nicht zuletzt dem gesetzlichen Auftrag – eklatant zuwider, keine sachgerechte Abhilfe zu schaffen und eine erkennbare Absicht des Gesetzgebers unter Hinweis darauf zu missachten, dass die ursprünglich einem Wort zugedachte Bedeutung überschritten werde.

III.   Unschärfen der Sprache

Die vorstehenden Überlegungen zeigen schon, dass alle Probleme der Auslegung im Kern mit unhintergehbaren Eigenschaften des Mediums zusammenhängen, dessen sich Gesetzgeber wie Richter bedienen: der Sprache. Sie ist in systematische Unbestimmtheiten verstrickt, die in der modernen Sprachwissenschaft, aber auch in der sprachtheoretisch orientierten Philosophie des 20. Jahrhunderts seit deren „lingustic turn" genauestens herausgearbeitet worden sind. Ich denke hier nicht nur an die im juristischen Raum zu Unrecht vernachlässigten Untersuchungen *John L. Austins* zur Sprechakt-Theorie[20], sondern zunächst an die schon angeführten Zeugen *Wittgenstein*, *Popper* und *Quine*, dem in meinen Augen bedeutendsten (amerikanischen) Sprachphilosophen und Logiker des letzten Jahrhunderts.

---

17   Wort und Gegenstand, Kap. IV, S. 222-276.
18   Zu den Unvollständigkeitssätzen Gödels instruktiv *Palle Yourgrau*, Gödel, Einstein und die Folgen, München 2005, S. 70 ff.; *Quine*, Theorien und Dinge, S. 177 ff.
19   Trotz dieser Erkenntnisse optimistisch möchte bleiben: *Hillgruber*, in: Maunz/Dürig, Grundgesetz, Kommentar (Stand: Juni 2010), Art. 97 Rn. 40 ff.
20   Ihre Bedeutung für die Rechtsprechung zeigt *Ino Augsberg*, Die Lesbarkeit des Rechts, Weilswist 2009, S. 55 ff.

1. Vagheit und Mehrdeutigkeit der Termini

Vertraut sind Juristen mit den Problemen der Mehrdeutigkeit und der Vagheit der Termini, die den Fluss der Kommunikation auch in der Umgangssprache immer wieder ins Stocken bringen. Begriffe werden bekanntlich in Kern- und Randbereiche eingeteilt. Sicher, es gibt anerkannte Strategien, die Unbestimmtheit im Randbereich im Einzelfall zu beseitigen; aber letztlich bestehen diese Strategien darin, die Zweifel durch willkürliche Setzungen oder Konventionen auszuräumen, was in der Streitentscheidung das autoritative Moment der Letztentscheidung in einem begrenzten Gremium erfordert. In bestimmten Fällen versagt jedoch auch das; selbst in Kleingruppen wie einem gerichtlichen kollegialen Spruchkörper ist dann keine Einigung zu erzielen. Der Gesetzgeber schon der Reichsjustizgesetze von 1877 war so weise, das vorauszusehen und den Spruchkörpern das Mittel der Abstimmung an die Hand zu geben (§§ 196 f. GVG). Aber damit ist auch klar, dass das Ergebnis einer Abstimmung durch nicht voll objektivierbare Mechanismen bedingt wird.

2. Situierung der Regelungssituation

In gesetzlichen Regelwerken erlangt die Vagheit eine Verschärfung durch die Abstraktheit und Künstlichkeit der Begriffe, aber auch dadurch, dass die meisten Gesetze einen großen Teil ihrer Voraussetzungen – insbesondere ihre Regelungssituation – unausgesprochen mit sich tragen. Der Interpret ist dadurch genötigt, die Regelungssituation eigenständig zu erfassen und mit seinem Fall zu vergleichen, im Sprachgebrauch *Niklas Luhmanns*: die normativen Aussagen zu „situieren". Um ein Beispiel *Luhmanns* zu benutzen: In der Verordnung steht zwar nur, dass der Hund im Park an die Leine muss; aber niemand wird bezweifeln, dass dann auch sein Herrchen an die Leine muss.[21] Der Anblick fröhlich ihre Leine hinter sich her schleppender Hunde ist von der Norm offenbar nicht bezweckt. Nicht immer jedoch fällt das Situieren so leicht wie in dem Hunde-Beispiel: Denn wie situiert man die technischen Regeln über die Errichtung eines Kernkraftwerks?

---

21 *Niklas Luhmann*, Das Recht der Gesellschaft, Frankfurt am Main 1993, S. 341 f.

3. Der Gebrauch prägt die Wortbedeutung

An der Klärung durch Konvention und Setzung wird deutlich, dass Sprache etwas gesellschaftlich Eingeübtes ist, eine soziale Kunstfertigkeit, die wir allein auf der Grundlage des beobachtbaren Verhaltens anderer Menschen unter öffentlich erkennbaren Umständen erwerben.[22] Wörter erlangen ihre Bedeutung nur durch ihren Gebrauch, ihre Verwendung innerhalb einer Sprachgemeinschaft. Um *Quines* Beschreibung der alten Bildtheorie der Bedeutung zu gebrauchen: Eine unkritische Semantik ist wie der Mythos von einem Museum, in dem die Ausstellungsstücke Bedeutungen und die Schildchen daran Wörter sind, und nach dem Sprachen dadurch geändert werden, dass man die Schildchen austauscht.[23] Die in der Sprachgemeinschaft der Juristen gepflegten Konventionen über die Termini werden Studierenden eingeimpft, indem sie die Definitionen und Erläuterungen in Kommentaren erlernen und die Folgen zu tragen haben, wenn sie von eingefahrenen verbalen Wegen abkommen. Im Stadium der Aneignung fremden Wortgebrauchs und der Angleichung an die ihn prägende Sprachgemeinschaft ist Kreativität lebensgefährlich, solide ausgedrückt: es gibt keine „private" Sprache.

Das weist auf einen interessanten und überaus wichtigen Aspekt der Wortbedeutung hin: Wenn ein Sprachzeichen Bedeutung durch den Gebrauch erlangt, dann muss diese stets relativ zu dem Personenkreis sein, in dem der Gebrauch gepflegt wird. Dieser Umstand sollte uns davor warnen, die Bedeutung für etwas allgemein Zugängliches zu halten. Kategorien wie Klarheit, Eindeutigkeit oder Offensichtlichkeit, die auch in der Rechtsordnung allenthalben gern bemüht werden (vgl. etwa §§ 7, 30 AsylVfG), können sinnvollerweise immer nur relativ auf einen abgegrenzten Kreis von Personen verwendet werden – aber selbst da sind sie das Ergebnis eines Auslegungsvorgangs, der in prägenden und verwendenden Sprachgemeinschaften sehr unterschiedlich ausfallen kann. Die Grenzen des Gebrauchs erzeugen auch in kleinen Gemeinschaften die Unschärfen der Bedeutung. Das wirkt sich in Zusammenhängen aus, in denen ein Wort bisher noch nicht benutzt worden ist. Auch dann ist letztlich ein Akt willentlicher Setzung erforderlich, dessen Inhalt sich nicht vorhersehen lässt. Die volle Dramatik dieser Relativität kann jeder Richter erleben, der den Senat wechselt. Wo Fälle bislang noch durch ein bloßes Stichwort[24] oder einen flüchtigen Austausch von Blicken lösen ließen, wird plötzlich alles wieder infrage gestellt. Dogmatisch taucht

---

22 *Quine*, Ontologische Relativität und andere Schriften, Stuttgart 1975, S. 41.
23 *Quine,* Ontologische Relativität [Fn. 22], S. 42.
24 Dieses Muster ist in der Rechtsprechung der Gerichte der Europäischen Union, wo Entscheidungen mit den Parteibezeichnungen zitiert werden, systematisch verbreiteter als in Deutschland.

dieses Problem in Gestalt der sog. Relativität des Wortgebrauchs auf: Durch nichts ist der Gesetzgeber gehindert, die Bedeutung ein und desselben Sprachzeichens mit dem gesetzlichen Kontext wechseln zu lassen. Es handelt sich dann tatsächlich um verschiedene Begriffe – ein warnender Hinweis wird an dem Sprachzeichen jedoch selten angebracht sein.

D. Spielräume der Subsumtion

I. Aufbereitung des Sachverhalts

Betrachten wir noch kurz die Feststellung der Tatsachen und die Subsumtion. Betreten wir damit sicheren Boden? Mitnichten. Es wäre ein schwerwiegender Irrtum, den Sachverhalt als etwas vorrechtlich Feststehendes zu begreifen, das gewissermaßen von außen an das Recht zur Beurteilung herangetragen wird. Der Sachverhalt ist ebenfalls rechtlich konstituiert. Was als entscheidungserhebliche Tatsache anzuerkennen ist, entscheidet nichts anderes als die juristische Theorie. Der Jurist ist da in keiner wesentlich besseren Lage als der Naturwissenschaftlicher, der die Frage „Was es gibt?" – also welche Zustände, Gegenstände, Ereignisse existieren und in welcher Weise – nur nach Maßgabe seiner physikalischen, chemischen usw. Theorie beantworten kann; diese entscheidet, was als Gegenstand zu betrachten ist und was nur als bloße nützliche (vielleicht abkürzende) Redeweise, als façon de parlé. Um zu wissen, was ein Molekül ist, muss man eben verstehen, wie die Theorie der Moleküle innerhalb der physikalischen Theorie funktioniert. Dasselbe gilt in der Juristerei für Merkwürdigkeiten wie das „stellvertretende Kommodum", aber genauso für scheinbar harmlose, tatsächlich aber juristisch „aufgeladene" Begriffe der Umgangssprache wie „Beruf". Das kann jeder erleben, der einem Bürger den Unterschied zwischen Besitz und Eigentum oder zwischen Mord und Totschlag erklären will.

Dem Anwalt wird die Theoriebeladenheit der Sachverhaltsaufbereitung drastischer bewusst als dem durch gefilterten Vortrag verwöhnten Richter oder dem mit sorgfältig „übersetzten" Papiersachverhalten versorgten Studierenden. Es wäre ein großer Fortschritt, wenn die Mandanten und Naturalparteien in der Lage wären, rechtlich unmittelbar verwertbare Fakten zu liefern. Tatsächlich ist das aber nur den juristisch vorgebildeten Mandanten möglich – eben genau deshalb, weil sie die Welt durch die Brillen des Rechts betrachten können. Tatsächlich muss der Anwalt in aller Regel eine Übersetzungsleistung vollbringen und aus den wilden Erzählungen seines Mandanten jenen Sacherhalt herausfiltrieren, der rechtlich relevant ist. Das kann sehr schwierig sein. Man stelle sich die Überraschung eines befreundeten Anwalts vor, der von einem neuen Mandanten zu hören bekam, „sein Gumbationierer sei geteckelt worden, was man da machen könne".

Aber auch das Unterfangen dieses Übersetzens ist, wie schon gesagt, in systematische Unbestimmtheit verstrickt. Das will sagen, dass selbst zwischen den Menschen ein und derselben Sprachgemeinschaft die Worte nur an der Oberfläche des normalen Kontaktes gleich „aussehen", in der Tiefe jedoch mit Unterschieden belastet bleiben, die es ungewiss und letztlich objektiv unaufklärbar lassen, ob das Wort im konkreten Fall von beiden mit derselben Bedeutung verwendet wird. Ich erinnere hier gern an ein weiteres Bild *Quines*: „*Menschen, die mit derselben Sprache aufgewachsen sind, sind wie Büsche, die man so zurecht gestutzt hat, dass sie die gleiche Gestalt eines Elefanten annehmen. Wie sich die anatomischen Einzelheiten der Zweige und Äste zur Elefantenform fügen, ist von Busch zu Busch jeweils verschieden, aber das äußere Ergebnis ist bei allen in etwa das gleiche*".[25] Die Abweichungen im Untergrund machen sich aber bemerkbar, wenn es bei der Präzisierung eines Wortes ans Eingemachte geht.

II.   Angleichung an die Normen

Welche Umstände also den Sachverhalt bilden, fällt mit der Beherrschung der rechtlichen Aussagen über die Tatsachen zusammen. Dieser Vorgang wird gern als „Hin- und Herwandern" des Blicks zwischen Norm und Sachverhalt beschrieben. Aber völlig korrekt ist das nicht. Nur durch die Brille der einschlägigen Rechtssätze kann entschieden werden, welche Merkmale ein bestimmtes Stück der Raumzeit (beschrieben durch Orts- und Zeitangaben) „hat" und für die in Rede stehenden rechtlichen Folgerungen relevant sind, von der Wirklichkeit also gewissermaßen „abgezogen" werden müssen. Dass es sich um sehr verschiedene Merkmale des Inhalts eines vierdimensionalen, raum-zeitlichen Geschehens handeln kann, ist an dem Leoparden-Beispiel deutlich geworden. Wenn der Blick vom Sachverhalt zurück auf das Gesetz wandert, dann deshalb, weil dieses aus den konkreten Anforderungen des Falles über das hinaus präzisiert werden muss, was an Auslegung schon existiert. Sind die rechtlich relevanten Merkmale entdeckt, muss der Sachverhalt in solche Termini gekleidet werden, die auch in den Formulierungen der Theorie – also der einschlägigen Rechtssätze – vorkommen oder die zumindest in solche Termini übersetzt werden können. Dabei wird eine etwa abweichende umgangssprachliche Bedeutung der Worte zwangsläufig eliminiert.

25   Wort und Gegenstand, S. 30.

Diese Zusammenhänge sind in der Wissenschaftstheorie treffend als „Theoriebeladenheit" der Beobachtung bezeichnet worden; sie gelten praktisch uneingeschränkt für die Sachverhaltsfeststellung und Subsumtion. Sicher lassen sich gewisse Unterschiede in der einzelnen Rechtsanwendung hinsichtlich desselben Falles daraus erklären, dass einige Juristen mehr als andere mit Theorie beladen sind – aber meist ist es nicht ein Mehr oder Weniger, sondern ein Aliud der Beladenheit, das die Unterschiede hervorbringt. Es spielt eine große Rolle, welche Stücke aus den komplex, „holistisch" miteinander verknüpften Sätzen der juristischen Theorie herangezogen werden, welche Prinzipien – und liegen sie eigentlich auch weiter entfernt von den jeweiligen Regelungen – fruchtbar gemacht werden und welche neuen Verbindungen zwischen Sätzen der Theorie der Einzelne herstellt. Das alles ist eine erhebliche kreative Leistung und kann in keiner Weise mechanisiert werden.

E. Grenzen

Ist das Bild – unter Gewissheitsgesichtspunkten – so trübe, wie ich es gezeichnet habe, dann muss einiges über die Grenzen gesagt werden, die Unsicherheiten, Spielräume und Unbestimmtheiten erträglich erscheinen lassen. Ich kann keine objektiven Maßstäbe aufzeigen, die für die Richtigkeit des Ergebnisses garantieren könnten. Solche gibt es schlechthin nicht – und ebenso wenig etwas, das sich nicht infrage stellen lassen würde. Wir können immer nur den Standpunkt der einen oder anderen Theorie einnehmen, ohne einen archimedischen Punkt zu besitzen. Aber dennoch gibt es Trost. Die Unbestimmtheit des Gesamtsystems bleibt erträglich, weil das Gesetz Sicherungsmaßnahmen vorsieht, die unsere Fehler genauso im Zaume halten wie unsere Kreativität.

Zu diesen Mechanismen gehören Strategien prozeduraler Absicherung der Rechtsanwendung und ihre dialogischen und diskursiven Elemente. Ich will mich auf das Wichtigste beschränken: Der Richter ist verpflichtet, mit den Streitbeteiligten zu reden und seine Überlegungen in Grenzen verfahrensfehlerfrei zu diskutieren (vgl. nur Art. 103 Abs. 1 GG). Die Kollegialität der Entscheidungsfindung in allen Instanzen der Verwaltungsgerichtsbarkeit (vgl. §§ 5, 9 und 10 VwGO) zwingt ihn zur offenen und ungeschützten Rechtfertigung nach innen, das Öffentlichkeitsprinzip (§ 169 GVG) zur Verantwortung nach „außen", also gegenüber der Wissenschaft, den Medien und der Allgemeinheit. Dies alles wahrt – auch wenn das Schiff schwanken mag – die Balance, sorgt für den notwendigen Ausgleich der Temperamente und Vorverständnisse. Hilft alles nichts, kommt das autoritative Element zum Einsatz. Im Notfall kann im Spruchkörper abgestimmt werden, und wenn das Ergebnis den Parteien nicht gefällt, gibt es einen Rechtszug, der immerhin zu einer letztverbindlichen Entscheidung führt. Ich fürchte, dass der Gesetzgeber bei der Propagierung des Einzelrichters (vgl. § 6 VwGO) diese Effekte zugunsten von Personaleinsparungen unterschätzt und die Objektivität der „Rechtsfindung" gegen jede Erfahrung unberechtigt idealisiert.

In seiner Bedeutung als Korrektiv der Rechtsprechung nicht zu überschätzen ist schließlich der Gesetzgeber selbst. Ihm bleibt unbenommen, ein für falsch gehaltenes Auslegungsergebnis der Gerichte durch Änderung des Gesetzes zu korrigieren. Die Rechtsgeschichte ist voll von derartigen „Federstrichen des Gesetzgebers", mit denen Ordner von Gerichtsurteilen Makulatur geworden sind. Treffend lässt sich insofern von einem „stillen Dialog" zwischen den Gewalten sprechen.

F. Schlussfolgerungen

Abschließend komme ich zu einigen thesenhaften Folgerungen aus meinen Überlegungen:

1. Es ist prinzipiell eine Überforderung, würde man erwarten, dass die Normen allein die gesamte Steuerungsleistung der Rechtsanwendung erbringen könnten. Unser Rechtssystem ist vielmehr von vornherein arbeitsteilig angelegt. Rechtsanwendung ist immer das Ergebnis eines Prozesses „zur gesamten Hand". Das überkommene Dogma von der kategorialen Verschiedenheit von Rechtssetzung, Auslegung und Rechtsanwendung muss theoretisch überwunden und aufgegeben werden.[26] Rechtsanwendung hat nichts mit Rechts‚erkenntnis' oder Rechts‚findung' zu tun, aber alles mit Rechts‚er'findung oder Rechts‚erzeugung'. Wenn man – wie verbreitet – von „Rechtsfindung" spricht, dann allenfalls von einer schöpferischen (so BVerfGE 34, 269, 288 – Soraya). Richtig ist aber, dass wir unser zu striktes Bild von Gesetzesbindung fallen lassen müssen. Es wäre verfehlt, diese Arbeitsteilung zu beklagen; denn alle Beiträge in solchen Rechtserzeugungsprozessen haben ihre eigene Legitimität und sachliche Berechtigung.

2. In dem Gesamtsystem arbeitsteiliger Rechtserzeugung hängt sehr viel von dem Einzelnen ab – nicht nur von seinen juristischen Kenntnissen und Fähigkeiten, sondern auch von seinem Engagement, seiner Kreativität und seinem

---

26 Zu diesem Trennungsdogma vgl. *Jörg Singer*, Rechtsklarheit und Dritte Gewalt, Baden-Baden 2010, S. 94 ff.

Mut.[27] Rechtsanwendung ist von einer Vielzahl kreativer Akte und volutiver Elemente geprägt, die wir genauso wenig im Griff haben können wie Musiker oder Bildhauer. Aber genau dieses ungreifbare personale Element der Rechtserzeugung ist verfassungsrechtlich installierter Teil des Systems, in dem Recht verwirklicht wird. Deshalb vertraut Art. 92 GG die Rechtsprechung „Richtern" an, also Personen und nicht den Institutionen, in denen sie arbeiten. Insofern ist der Richter zwar nicht der Mund des Gesetzes, aber er muss doch sein guter Anwalt sein. Da er dank seiner Unabhängigkeit zwischen allen Stühlen sitzt, kann und darf er durchaus zu dem Schluss kommen, dass im Einzelfall das Gesetz klüger ist als der Gesetzgeber.

3. Ich will versöhnlich enden und noch etwas Wichtiges klarstellen: Auch wenn ich hier nur die juristische Pathologie hervorgekehrt habe, ist der Blick auf die Funktion des Gesetzes als Maßstab für die Streitentscheidung zu eng. Das Gesetz will vor allem Verhalten in der Gesellschaft steuern und Streit vermeiden. Das Bundesverfassungsgericht hat recht früh (1975) in wünschenswerter Klarheit festgehalten, dass das Gesetz eine Doppelfunktion hat: als „Instrument zur Steuerung gesellschaftlicher Prozesse nach soziologischen Erkenntnissen und Prognosen" und als „bleibender Ausdruck sozialethischer und – ihr folgend – rechtlicher Bewertung menschlicher Handlungen; es soll sagen, was für den Einzelnen Recht und Unrecht ist" (BVerfGE 39, S. 1, 59). Von allen Unwägbarkeiten unbeirrt funktioniert diese wertende Steuerung des gesellschaftlichen Verhaltens in der Summe offenbar gut, nicht nur in alltäglichen Vorgängen wie dem Autokauf, sondern auch beim Bau von Atomkraftwerken und sonstigen technischen Großanlagen, was ganz überwiegend in einsamer Verantwortung der Betreiber vonstatten geht. Auch der „edukatorische Vorfeldeffekt" der verwaltungsgerichtlichen Einzelfallkontrolle auf die behördliche Tätigkeit ist kaum zu überschätzen. Wenn mehr als 80 % aller Klagen in der Verwaltungsgerichtsbarkeit verloren gehen, dann liegt das weniger an einem staatstragenden Selbstverständnis der Richter denn an der antizipierenden Disziplinierung der Behörden durch frühere Judikate.

27   Diese Zentralstellung des Einzelnen in seiner jeweiligen Umgebung gilt nicht nur für die Rechtsberatung und die Fallentscheidung in einem Kollegium (wo sie aber regelmäßig eindrucksvoll wahrzunehmen ist), sondern sie gilt auch für die Ausbildung. Ich werde immer dankbar daran zurückdenken, wie maßgeblich mich die gezielten Hinweise meines ersten richterlichen Ziehvaters, des Präsidenten des VG Gelsenkirchen Prof. Dr. Schnellenbach, auf die oben zitierten Schriften von Wittgenstein, Popper und Quine geprägt haben. Er hatte ein Gespür für meine latente Bereitschaft, mich mit den – von Juristen allzu stiefmütterlich behandelten – Fragen der Sprachphilosophie zu befassen und die Möglichkeiten ihrer Übertragung auf Juristisches auszuloten.

Wenn ich gleichwohl ein rundum skeptisches und pessimistisches Bild von Rechtserzeugung gezeichnet habe, dann nicht aus Resignation oder Kapitulation vor der Wirklichkeit, sondern aus der tiefen Überzeugung heraus, dass wir den Gefährdungen unseres Tuns nur dann widerstehen werden, wenn wir uns ihnen stellen. Das ist zugleich ein befreiendes Fanal wider uninspirierte Juristerei, denn niemand zwingt uns zu einem engstirnigen Kleben am Wortlaut oder einem vorgeblichen gesetzlichen Willen. Uns allen ist die Macht, aber auch die Verantwortung übertragen, der Wirklichkeit juristisch gerecht zu werden und dabei Fantasie, Kreativität und Tugendhaftigkeit walten zu lassen. Gerade die Einsicht in die unaufhebbare Begrenztheit der normativen Bindung befreit dazu!

Autorenverzeichnis

- PD Dr. *Claudio Franzius*, Humboldt-Universität zu Berlin, Lehrstuhlvertreter an der Universität Hamburg
- Prof. Dr. *Bernd Heinrich*, Dekan der Juristischen Fakultät der Humboldt-Universität zu Berlin und Inhaber des Lehrstuhls für Strafrecht, Strafprozessrecht und Urheberrecht
- Prof. Dr. *Michael Kloepfer*, Inhaber des Lehrstuhls für Staats- und Verwaltungsrecht, Europarecht, Umweltrecht, Finanz- und Wirtschaftsrecht an der Humboldt-Universität zu Berlin
- PD Dr. *Kai v. Lewinski*, Humboldt-Universität zu Berlin, Lehrstuhlvertreter an der Universität Karlsruhe
- Prof. Dr. *Klaus Meßerschmidt*, Lehrkraft für besondere Aufgaben am Lehrstuhl für Steuerrecht und Öffentliches Recht der FAU Erlangen-Nürnberg und niedergelassener Rechtsanwalt, Zweibrücken
- Prof. Dr. *Matthias Rossi*, Inhaber des Lehrstuhls für Staats- und Verwaltungsrecht, Europarecht sowie Gesetzgebungslehre an der Universität Augsburg
- Prof. Dr. *Theodor Schilling*, LL.M., Humboldt-Universität zu Berlin und Gastdozent an der Andrássy Universität Budapest
- Dr. *Dirk Uwer*, LL.M., Mag. rer. pol. Rechtsanwalt und Partner der Sozietät Hengeler Mueller, Düsseldorf
- Dr. *Peter Wysk*, Richter am Bundesverwaltungsgericht, Leipzig

Lebenslauf Thilo Brandner

- Geboren **1961** in Heidelberg
- Aufgewachsen in Ettlingen
- **1981-1986** Studium der Rechtswissenschaft an der Albert-Ludwigs-Universität in Freiburg i.Br.
- **1986-1988** wissenschaftlicher Mitarbeiter am Institut für Umwelt- und Technikrecht der Universität Trier
- **1989** Promotion zum Dr. iur.: Gefahrenerkennbarkeit und polizeirechtliche Verhaltensverantwortlichkeit. Zur Störerverantwortlichkeit insbesondere bei Altlasten
- **1991** Zweite Juristische Staatsprüfung
- **1991-1992** wissenschaftlicher Assistent an der Universität Trier
- **1992-1997** wissenschaftlicher Assistent an der Humboldt-Universität zu Berlin
- **1998** Habilitationsstipendiat der Deutschen Forschungsgemeinschaft
- **2002** Habilitation: Gesetzesänderung – Eine rechtstatsächliche Untersuchung anhand der Gesetzgebung des 13. Deutschen Bundestages
- **2002-2009** Privatdozent an der Humboldt Universität zu Berlin

Schriftenverzeichnis Thilo Brandner

Einzelschriften

- Gesetzesänderung. Eine rechtstatsächliche und verfassungsrechtliche Untersuchung anhand der Gesetzgebung des 13. Deutschen Bundestages, Habilitationsschrift, 2004

- Gefahrenerkennbarkeit und polizeirechtliche Verhaltensverantwortlichkeit: zur Störerv erantwortlichkeit insbesondere bei Altlasten, 1990, Dissertation (Schriften zum Umweltrecht Bd. 15, Duncker & Humblot)

- Umweltschutz und Recht. Grundlagen, Verfassungsrahmen und Entwicklungen. Ausgewählte Beiträge aus drei Jahrzehnten Schriften zum Umweltrecht Bd. 100, Mitherausgeber von Michael Kloepfer und Klaus Meßerschmidt, 1. Auflage, 2000

Beiträge in Zeitschriften und Sammelwerken

- Parlamentarische Gesetzgebung in Krisensituationen. Zum Zustandekommen des Finanzmarktstabilisierungsgesetzes, NVwZ 2009, S. 211-215

- Beteiligung externer Sachverständiger an der Gesetzesentstehung — unter besonderer Berücksichtigung der Genese des Umweltgesetzbuchs, Umweltgesetzbuch und Gesetzgebung im Kontext, liber dicipulorum für Michael Kloepfer zum 65. Geburtstag, 2008, S. 73-94

- Ein Philosoph hat Ärger, in: Kai v. Lewinski (Hrsg.), Öffentlich-rechtliche Berater- und Anwaltsklausuren im Studium, 2007, S. 73-82

- Anmerkung zu: BVerwG, U. v. 08.05.2003 – 7 C 15.02 – Besitz von an Bundeswasserstraßen abgelegten Abfällen, AbfallR 2004, S. 34-35

- Anmerkung zu: BVerwG, U. v. 09.05.2001 – 6 C 4.00 – Forstwirtschaftliche Bodennutzung, Befreiung von naturschutzrechtlichen Verboten, Bund- und Länderkompetenzen, NJ 2002, S. 47-48

- Anmerkung zu: BVerwG, U. v. 11.01.2001 – 4 C 6.00 – Naturschutz, Lebensräume besonders geschützter Tierarten, Bebauung einer Baulücke, NJ 2001, S. 555-556

- Anmerkung zu: BVerwG, B. v. 11.01.2001 – 11 VR 16.00 – Kein vorläufiger Baustopp für Flughafenausbau Berlin-Tegel, NJ 2001, S. 386

- Anmerkung zu: BVerwG, U. v. 22.11.2000 – 11 A 4.00 – Naturschutzrechtliche Anforderungen bei Wiederinbetriebnahme einer S-Bahn-Verkehrsstrecke, NJ 2001, S. 327

- Anmerkung zu: BVerwG, B. v. 02.12.1999 – 1 BvR 1580/91 – Fortgeltung des DDR-Strahlenschutzrechts bei Sanierung des Uranabbaugebiets Wismut verfassungsgemäß, NJ 2000, S. 532-533

- Anmerkung zu: BVerwG, U. v. 28.10.1999 – 7 C 32.98 – Umweltinformationen, freier Zugang, strafrechtliches Ermittlungsverfahren, NJ 2000, S. 329

- Anmerkung zu: EuGH, U. v. 09.09.1999 Rs. C-217/97 – Umweltinformationen, freier Zugang, NJ 2000, S. 328

- Anmerkung zu: VerfG Brandenburg, B. v. 30.06.1999 50/98 – Bauwerkseinmessung, Anfertigung amtlicher Lagepläne, freiberufliche Vermessungsingenieure, Berufsfreiheit, NJ 2000, S. 89

- Anmerkung zu: BVerwG, U. v. 28.10.1998 – 8 C 19.96 – Normkonkretisierende Verwaltungsvorschriften, Erhebung der Abwasserabgabe, Einhaltung des Überwachungswertes, NJ 1999, S. 437

- Anmerkung zu: OVG Berlin, U. v. 18.11.1998 – 1 B 80/95 – Straßenverkehr, Immissionen, Belastung durch Lärm, Schutz durch Anordnung straßenverkehrsrechtlicher Maßnahmen, Nachschieben von Ermessenserwägungen, NJ 1999, S. 220

- Der Bundestagsausschuss als Gesetzesinitiant? Überlegungen aus Anlaß einiger Gesetzesbeschlüsse des 13. Deutschen Bundestages, Jura 1999, S. 449-455

- Das Bundesverfassungsgericht und der Dissens über die Divergenz. Zum „Kind als Schaden"-Beschluß des Ersten Senats und seiner prozessualen Vorgeschichte, Humboldt-Forum-Recht 1998, S. 1-9

- Der „ungebremste" Gesetzgeber, in: Berliner Wissenschaftliche Gesellschaft (Hrsg.), Jahrbuch 1998, S. 149-165

- Anmerkung zu: BVerwG, B. v. 06.11.1997 – 4 A 16.97 – Straßenrechtliche Planfeststellung, Naturschutzverband, Klagebefugnis, zur Auslegung des NatSchG ST § 52 Abs. 2 S. 1 Nr. 4, NJ 1998, S. 217-218

- Anmerkung zu: BVerwG, B. v. 26.05.1998 – 1 BvR 180/88 – Keine Haftung des Staates für Waldschäden verursacht durch großräumige, emittentenferne Luftverunreinigungen, NJ 1998, S. 587

- Anmerkung zu: BVerwG, U. v. 11.03.1998 – 6 C 12.97 – Zur unverschlüsselten Werbung für verschlüsselt ausgestrahlte FSK-16- und FSK-18-Filme, NJ 1998, S. 551

- Anmerkung zu: BVerwG, U. v. 01.09.1997 – 4 A 36.96 – Fernstraßenrechtliche Planfeststellung, Inanspruchsnahme von Pachtgrundstücken, Klagebfugnis des Pächters, NJ 1998, S. 159

- Anmerkung zu: BVerwG, U. v. 18.06.1997 – 6 C 5.96 – Zoologisches Praktikum, Verweigerung der Teilnahme an Tierversuchen, NJ 1998, S. 99

- Anmerkung zu: BVerwG, U. v. 12.11.1997 – 11 A 49.96 BNatSchG §29, Naturschutzverband als Sachverständiger Berater der Planfeststellungsbehörde, NJ 1998, S. 329

- Änderung von Rechtsverordnungsentwürfen durch das Parlament. Zur Verfassungsmäßigkeit von § 59 KrW-/AbfG und von § 20 Abs. 2 UmweltHG, in: Marburger/Reinardt/Schröder (Hrsg.), Jahrbuch des Umwelt- und Technikrechts 1997, 1997, S. 119-139

- Tagungsbericht: Bodenschutz in Wissenschaft und Praxis: Probleme eines Bundes-Bodenschutzgesetzes, UPR 1997, S. 21-24

- Tagungsbericht: Selbst-Beherrschung im Technischen und ökologischen Bereich, Bericht über das 1. Berliner Kolloquium der Gottlieb-Dailmer und Karl-Benz-Stiftung, DVBl. 1997, S. 1165-1169

- Anmerkung zu: VerfG Brandenburg, U. v. 17.07.1997 – 1/97 – Zur Stellung einer Gemeinde des Landes Brandenburg im Bereich des Schulrechts, NJ 1997, S. 644

- Instanzenzug und Verfassungsrecht. Zur Verfassungsmäßigkeit von Rechtsmittelbeschränkungen, in: Pfeiffer/Kummer/Scheuch (Hrsg.), Festschrift für Hand Erich Brandner, 1996, S. 683-700

- Organisationserlasse des Bundeskanzlers und Zuständigkeitsanpassung in gesetzlichen Verordnungsermächtigungen, DÖV 1993, S. 107-113 (mit *Dirk Uwer*)

- Endlagerung radioaktiver Abfälle. Zum Umfang der Genehmigung für das Endlager für radioaktive Abfälle Morsleben (ERAM), ZUR 1993, S. 269-275 (mit *Michael Kloepfer*)

- Wettbewerbsrechtliche Verfolgung von Umweltrechtsverstößen, NJW 1992, S. 278-281 (mit *Gerhard Michael*)

- Entwicklung des Umwelt- und Technikrechts 1991, in: Breuer/Kloepfer/Marburger/Schröder (Hrsg.), Jahrbuch des Umwelt- und Technikrechts 1992, UTR Bd. 17, 1992, S. 277-300

- Tagungsbericht: Umweltschutz durch Abgaben und Steuern, Bericht über das Siebte Trierer Kolloquium zum Umwelt- und Technikrecht, DVBl. 1991, S. 1192-1194

- Tagungsbericht: Gentechnik und Umwelt, Bericht über das Sechste Trierer Kolloquium zum Umwelt- und Technikrecht, DVBl. 1990, S. 1395-1397

- Berichtigung von Gesetzesbeschlüssen durch die Exekutive. Zugleich Überlegungen zu den „Sorgfaltspflichten" des Gesetzgebers, ZG 1990, S. 46-61

- Grenzen des ministeriellen Weisungsrechts gegenüber nachgeordneten Behörden?, DÖV 1990, S. 966-970

- Erläuterte Entscheidungen, JA 1990, S. 93

- Der fraktionslose Abgeordnete und das Ausschußmandat kein Platz für „wilde Abgeordnete"?, JA 1990, S. 151-156

- Kurzberichterstattung und Verfassungsrecht. Zur Verfassungsmäßigkeit des Staatsvertrages des Bundesländer vom 15.3.1990 zur Fernsehkurzberichterstattung, AfP 1990, S. 277-284

- Entwicklungen des Umwelt- und Technikrechts 1990, in: Breuer/Kloepfer/ Marburger/Schröder (Hrsg.), Jahrbuch des Umwelt- und Technikrechts 1991, UTR Bd. 15, 1991, S. 375-424

- Entwicklungen des Umwelt- und Technikrechts 1989, in: Breuer/Kloepfer/ Marburger/Schröder (Hrsg.), Jahrbuch des Umwelt- und Technikrechts 1989, UTR Bd. 12, 1990, S. 469-513

- Umweltschutz und Privatrecht, Bericht über das Fünfte Trierer Kolloquium zum Umwelt- und Technikrecht, DVBl. 1989, S. 1244-1246

- Tagungsbericht: Viertes Trierer Kolloquium zum Umwelt- und Technikrecht, NJW 1989, S. 887-888

- Rechtsprobleme der Grenzwerte für Abwassereinleitungen. Verfassungs-, abgaben- und strafrechtliche Aspekte der Novellierungen von WHG und AbwAG, ZfW 1989, S. 1-25 (*Michael Kloepfer*)

- Tagungsbericht: Drittes Trierer Kolloquium zum Umwelt- und Technikrecht, NJW 1988, S. 399-400

- Wassersport und Umweltschutz. Beschränkungsmöglichkeiten des Wassersports durch die Gemeingebrauchs- und Schifffahrtsvorschriften im Wasserrecht, NVwZ 1988, S. 115-121 (*Michael Kloepfer*)

- Tagungsbericht: Waldschäden als Rechtsproblem Kolloquium zum Umwelt- und Technikrecht in Trier, NJW 1987, S. 235-236

Buchbesprechungen

- Zu: Hendler, Marburger, Reinhardt, Schröder (Hrsg.), Die strategische Umweltprüfung (sog. Plan-UVP) als neues Instrument des Umweltrechts. (Umwelt- und Technikrecht, Bd. 76), Berlin 2004 BTR 2005, S. 90-91 EurUP 2004, S. 168

- Zu: Oesten Baller, Rechtlicher Gewässerschutz in Rußland: Geschichte, Theorie und Wirklichkeit, Baden-Baden o.J., UPR 1998, S. 58-59

- Zu: Dirk Uwer (Hrsg.), Der Einfluß des EG-Umweltrechts auf das Umweltrecht der Mitliedstaaten / Aktuelle Probleme des deutschen Umweltrechts, Aachen 1996, UPR 1997, S. 313-314

- Zu: Christian Bönker, Umweltstandards in Verwaltungsvorschriften, (Beiträge zum Siedlungs- und Wohnungswesen und zur Raumplanung, Bd. 142), (Diss.), Münster, 1992, NVwZ 1993, S. 559

- Zu: Christian Lawrence, Grundrechtsschutz, technischer Wandel und Generationenverantwortung. Verfassungsrechtliche Determinanten des "Restrisikos" der Atomkraft, Berlin 1989, UPR 1990, S. 96-97

- Zu: Christa Böhme, Bettina Fellmer, Diethild Kornhardt, Bert Kronenberg, Die Eingriffsregelung des Bundesnaturschutzgesetzes. Ein Instrument zur Sicherung von Natur und Landschaft? Berlin 1986, UPR 1990, S. 57